Pflastern

Paige Gilchrist

Pflastern

Weltbild

Titel der Originalausgabe
Making Garden Floors

Zuerst veröffentlicht 2001 in den USA
von Lark Books, ein Imprint von Sterling Publishing Co., Inc.,
387 Park Avenue South, New York, N. Y. 10016

Copyright © 2001 by Lark Books

Deutsche Erstausgabe

Copyright © 2003 der deutschen Übersetzung by
Verlagsgruppe Weltbild GmbH, Steinerne Furt, 86167 Augsburg

Layout und Design: Thom Gaines
Lektorat: Paige Gilchrist, Veronika Alice Gunter und Roper Cleland
Fachberatung: Mary Weber
Fotos: Evan Bracken, Light Reflections; Richard Hasselberg, Jolly Hasselberg
Photography
Koordination und Bearbeitung der deutschen Ausgabe:
Neumann & Nürnberger, Leipzig
Übertragung ins Deutsche: Dr. Beate Herting, Leipzig
Umschlaggestaltung: Silvia Braunmüller, Atelier Lehmacher, Friedberg (Bay.)
Umschlagmotive: Georg Lehmacher, Friedberg (Bay.)
Gesamtherstellung: aprinta Druck GmbH & Co. KG, Senefelderstraße 3–11,
86650 Wemding

Printed in Germany

ISBN 3-8289-2437-9

Wichtiger Hinweis
Der Verlag hat größte Mühe darauf verwandt, dass alle Angaben in diesem
Buch richtig sind. Verlag und Autor können keinerlei Haftung für Verletzungen,
Verluste oder andere Schäden übernehmen, die aufgrund abweichender Ausgangs-
situationen, durch das Werkzeug oder aufgrund individuellen Verhaltens aus den
Informationen dieses Buches entstanden sind.

Einkaufen im Internet: *www.weltbild.de*

Inhalts-verzeichnis

Einführung

Man kann es drehen und wenden, wie man will: Ein Garten ist erst einmal nichts weiter als eine erdige Fläche, die sich bei Regen im Handumdrehen in eine Schlammwüste verwandelt. Je nach den landschaftlichen Gegebenheiten finden sich außerdem frei liegende Steine oder Baumwurzeln, nicht auf den ersten Blick sichtbare Mäuselöcher und andere Hindernisse, die wie Fußangeln wirken können. Wenn wir in unserem Garten aber auch einen Picknicktisch aufstellen, einen Pool oder einen Grillplatz anlegen, Partys feiern, einfach nur mit einem guten Buch entspannen oder ohne Bedenken barfuß herumlaufen wollen, müssen wir uns etwas einfallen lassen um den Schlamm zu vermeiden und die Fußangeln zu entschärfen.

In all den genannten Fällen schaffen gepflasterte Flächen Abhilfe – sie sind befestigt und begradigt, halten die Füße sauber und trocken und lassen den Stuhl und das Glas auf dem Tisch nicht kippen. Vom rein praktischen Standpunkt aus betrachtet würden eine robuste Kunststoffplane oder ein paar gut platzierte Bretter ausreichen. Mehr ist wirklich nicht nötig um Grasschnitt und Erdklumpen den Weg ins Haus zu versperren oder einem Stuhl sicheren Stand zu verleihen.

Doch seien wir ehrlich: Die meisten von uns denken bei der Gartengestaltung doch nicht nur an praktische Erfordernisse Für uns ist das Erstbeste nicht gut genug. Wir wollen in unserem Garten Eis schlecken, Grillen, Gästen eisgekühlte Drinks servieren, bei Kerzenschein zu Abend essen und Stunden mit der Sonntagszeitung verbrin-

gen. Wenn wir in unseren Garten gehen, wollen wir das Leben, das wir im Haus führen, nahtlos fortsetzen: Wir wollen entspannen, Gäste bewirten, spielen, kochen, essen – einfach leben. Es ist also nur verständlich, wenn wir den Impuls, der uns drinnen den scheußlichen orangeroten Teppichbelag herausreißen und durch Parkettboden ersetzen lässt, auch draußen verspüren. Wir wollen, dass unser Heim – drinnen und draußen – widerspiegelt, wer wir sind und wie wir leben möchten.

Wie Fußböden im Haus können befestigte Flächen im Garten den Charakter eines Standortes definieren (oder neu definieren), je nachdem ob es darum geht, eine elegante Ausstrahlung zu erreichen, etwas Originelles und Unkonventionelles zu kreieren, etwas nicht mehr Zeitgemäßes abzulösen, eine optische Verbindung

zwischen einzelnen Elementen zu schaffen oder eine langweilige Stelle zu beleben. Das Spektrum reicht von traditionellen Klinkerterrassen über rustikale Steinböden, Mosaikstellflächen für Kübelpflanzen bis hin zu intimen, mit Zierkies belegten Sitzecken. Man kann sich diese Flächen als eine Art „Teppich für draußen" vorstellen, der dem jeweiligen Garten-Raum eine Grundlage gibt. Einige sind mit kunstvoll geknüpften Kreationen vergleichbar, andere eher mit dem handgewebten Läufer. Einige dienen schlicht als Fußmatte, andere sind spektakulärer Blickfang. Doch alle erfüllen die praktischen Aufgaben eines Fußbodens und setzen gleichzeitig Akzente bei der Gestaltung des Gartens.

Um genau diese Doppelfunktion von Nützlichkeit und Ästhetik geht es in diesem Buch. Zu Beginn erhalten Sie einen fundierten Überblick darüber, was bei der Planung und beim Anlegen von gepflasterten Flächen im Garten beachtet

werden muss. Anschauliche Fotografien, farbige Illustrationen und Beschreibungen der einzelnen Arbeitsschritte machen deutlich, wie Sie von den ersten Planungsschritten über einen soliden Unterbau zum fertig gelegten Pflaster kommen. Darüber hinaus werden Design- und Pflaster-Optionen verglichen sowie die einschlägigen Werkzeuge vorgestellt.

Es folgen acht Kapitel, in denen ausführlich beschrieben wird, wie Sie all diese fachlichen Informationen praktisch umsetzen und die unterschiedlichsten Bodenflächen erschaffen können, die nicht nur ihre praktische Funktion erfüllen, sondern auch optisch ansprechend sind. Sie erhalten grundlegende Informationen zu Bodenflächen aus Klinkern, Fliesen, Zierkies, verschiedenen Steinpflastern, Betonsteinen, Gießbeton sowie Recycling- und ungewöhnlichen Materialien. Mit diesen Grundlagen ist es jedoch nicht getan. In jedem Kapitel finden Sie zahlreiche Farbfotos, die zeigen, wie vielseitig das jeweilige Material eingesetzt werden kann. Vorgestellt werden Bodenflächen aller Größen, Formen und Stilrichtungen.

Wenn Sie das Buch durchgeblättert haben, gehen Sie vielleicht hinaus in Ihren Garten und werfen einen Blick auf die langweiligen Betonplatten, den vertrockneten Rasen – oder die Dreckfläche, wo noch gar nichts passiert ist. Ganz sicher werden Sie diese Problemstellen nach der Lektüre des Buches mit anderen Augen sehen. Vielleicht haben Sie vor Ihrem geistigen Auge gerade die Vision einer von Blauregen bewachsenen Picknicklaube mit Granitpflaster. Oder einer Terrasse mit Terrakottafliesen und Grillplatz. Oder eines ruhigen Meditiergartens mit Kieswegen. Wie auch immer Ihre Vision beschaffen ist, dieses Buch gibt Ihnen sowohl Anregungen als auch praktische Hinweise dazu, wie sie in die Tat umgesetzt werden kann.

Planung und Design

Wie hilfreich wäre doch ein unkompliziertes Patentrezept für die Planung gepflasterter Flächen im Garten. Vielleicht ein hübsches, idiotensicheres Computerprogramm. Wir geben einige Variablen ein, drücken „Enter" und erhalten einen perfekt auf unsere Bedürfnisse zugeschnittenen Plan und dazu noch Empfehlungen zu Standort, Form, Größe und Material unserer Fläche.

Aber dann zieht es uns doch wieder weg vom Computerbildschirm und all den vielen Planungshilfsmitteln, hinaus in den Garten. Das hat vor allem damit zu tun, dass wir uns dort dem natürlichen Fluss der Dinge hingeben können. Regeln, die wir drinnen aufgestellt haben, erscheinen plötzlich gar nicht mehr so streng. Und seltsamerweise wird uns dadurch manches klarer. Wenn wir erst eine Weile da draußen herumgewandert sind, dämmert es uns, dass es nicht einfach nur um die richtige Kombination von Pflastersteinen, Mörtel und dekorativen Einfassungselementen geht, sondern um die Schaffung eines Platzes, an dem wir mit Freunden ein Glas Wein trinken, Kindergeburtstag feiern oder einfach nur still dasitzen und

den Pflanzen im Garten beim Wachsen zusehen werden. Es geht um einen Platz, der zu uns passt und der in unserem Leben eine zentrale Rolle spielen wird.

Sie sollten also bei der Planung Ihrer Bodenfläche nie auf dieses Hinausgehen und Herumwandern verzichten. Natürlich müssen Sie letztendlich zu Papier und Stift greifen und Ihre Vorstellungen konkret umsetzen (dazu kommen wir am Ende dieses Kapitels). Doch jetzt gehen Sie erst einmal in den Garten und denken Sie über drei grundlegende Fragen nach:

- **Wofür wollen Sie die befestigte Fläche nutzen?**
- **Was ist Ihr persönlicher Stil?**
- **Wie sieht Ihr Grundstück aus?**

Im Folgenden finden Sie einige Anregungen, worüber Sie während Ihres Rundgangs durch den Garten jeweils nachdenken sollten.

Nutzung der Fläche

- Wofür soll die Fläche hauptsächlich genutzt werden? Brauchen Sie zum Beispiel nur eine Stellfläche für eine Gartenskulptur, hält sich die Größe sicher im

überschaubaren Rahmen. Dagegen müssen Sie sich bei einer Fläche für Pool-Partys auf einen viel größeren Aufwand einstellen.

■ Soll die Fläche häufig oder nur gelegentlich genutzt werden? Die Antwort auf diese Frage kann Einfluss auf die Materialwahl und die Art des Unterbaus haben.

■ Soll die Fläche zum Essen und für Partys genutzt werden? Wenn ja, wäre es sicherlich gut, sie nicht allzu weit vom Zugang zur Küche entfernt anzulegen. Vielleicht wollen Sie in diesem Fall auch Anschlüsse für Strom und Wasser legen oder Platz für einen Grill einplanen.

■ Soll der Boden die Grundlage für einen stillen, zum Meditieren einladenden Ort bilden? Dann sollte die Fläche lieber etwas weiter vom Haus entfernt sein.

■ Sollen auf der Fläche Möbel aufgestellt werden? Wenn ja, wie viele und wie sind sie beschaffen? Beides hat Einfluss auf die Größe Ihrer Fläche. Denken Sie auch darüber nach, ob Sitzgelegenheiten direkt Teil des Vorhabens sein sollen, z. B. in Form von Mauern oder anderen Elementen.

Links **Denken Sie darüber nach, welche anderen Elemente sich harmonisch mit Ihrer Bodenfläche verbinden lassen.**

■ Zu welcher Tageszeit werden Sie die Fläche voraussichtlich am intensivsten nutzen? Achten Sie darauf, wie es sich zu dieser Zeit mit Sonneneinstrahlung und Wind verhält, denn das kann Einfluss auf die Standortwahl haben. Wollen Sie die Fläche oft am Abend nutzen, ist es sinnvoll, eine Beleuchtung einzuplanen (was die Verlegung von Kabeln vor dem Beginn der eigentlichen Pflasterarbeiten bedeuten kann).

■ Wollen Sie andere Objekte in die Gestaltung der Fläche einbeziehen, etwa einen Fischteich oder einen Whirlpool?

Ihr Stil

■ Welchen Look bevorzugen Sie im Allgemeinen? Klassisch und elegant? Modern? Charmant-nostalgisch? Erste Anhaltspunkte zur Beantwortung dieser Frage sind die Architektur Ihres Hauses und der Stil, in dem der Garten gehalten ist. Für jede Stilart gibt es besonders gut geeignete Pflastermaterialien. Darüber hinaus können auch Details, wie z. B. mit Moos bewachsene Fugen gegenüber Mörtelfugen, für unterschiedliche Stimmungen sorgen.

■ Welche Atmosphäre wollen Sie kreieren? Schattig, intim (vielleicht sogar halb versteckt)? Sonnig und offen? Brauchen Sie ein Plätzchen, wo Sie morgens Ihren Kaffee trinken können? Oder viel Platz für junge Pool-Benutzer und all ihr Badezubehör?

■ Veranstalten Sie oft Partys, bei denen Abendgarderobe getragen wird, oder bekommen Sie oft Besuch mit Kinderwagen? Dann sollten Sie beachten, dass Kies für Pfennigabsätze und Räder Gift ist. Auch Pflastersteine mit offenen Fugen können Probleme bereiten. Eine glatte Oberfläche ist hier sicher die beste Lösung.

Wie viel Pflegeaufwand können oder wollen Sie sich leisten? Wollen Sie einen Boden, der nur wenig Pflege benötigt (vielleicht ein paar Mal fegen im Jahr), oder betrachten Sie ein wenig Ausarbeitung beim Kiesrechen oder Neuverfüllen von Fugen mit Sand als willkommenen Ausgleich zur Büroarbeit?

Wie viel Geld wollen Sie für Ihr Vorhaben ausgeben und wollen Sie die gesamte Arbeit selbst machen?

Ihr Grundstück

Schauen Sie sich die baulichen Gegebenheiten auf Ihrem Grundstück an.

Gibt es außer dem Haus eine Terrasse, einen Schuppen, eine Mauer, einen Zaun oder andere Elemente, zu denen jetzt die neue Bodenfläche hinzukommt? Beziehen Sie Material, Größe, Farbe und Struktur dieser Baulichkeiten in Ihre Überlegungen ein und entscheiden Sie, ob sich der neue Boden harmonisch einfügen oder einen Kontrast bilden soll und wie das am besten bewerkstelligt werden kann.

Schauen Sie sich die natürlichen Gegebenheiten auf Ihrem Grundstück an, d. h. Blumen- und andere Beete, Bäume und Hecken. Wie soll sich die befestigte Fläche hier einfügen? Könnte sie um Ihren Lieblingsbaum herumgelegt werden oder den An-

Links & oben
Dasselbe Material kann je nach Standort und Verarbeitung zwanglos-rustikal oder formal wirken.

schluss zu einem Pfad herstellen, der sich durch das Rosenbeet schlängelt? Welchen Anblick möchten Sie von einer Terrasse aus am liebsten genießen?

■ Machen Sie nach einem starken Regen einen Rundgang über Ihr Grundstück um zu sehen, wie die Dränage des Bodens ist. Achten Sie auf besonders nasse Stellen (mit schlechter Dränage) und darauf, wie das Wasser auf Ihrem Grundstück normalerweise abläuft. Es gibt viele Maßnahmen zur Dränage-Verbesserung (s. S. 35), besser ist es jedoch, die natürlichen Gegebenheiten von vornherein in die Überlegungen einzubeziehen und mit ihnen, nicht gegen sie zu arbeiten.

■ Machen Sie noch einen Rundgang (das geht auch bei trockenem Wetter) und beschäftigen Sie sich mit der Topografie Ihres Grundstücks. Ist es abschüssig? Dann könnten Sie Terrassen mit Stufen dazwischen in Erwägung ziehen. Ist es vollkommen eben? Dann könnten Sie eine leicht geneigte Fläche haben wollen, von der das Wasser besser abläuft und die auch optisch interessant ist.

■ Wiederholen Sie diese Rundgänge zu verschiedenen Tageszeiten, um ein Gefühl dafür zu bekommen, wie Sonneneinstrahlung, Wind und Geräuschpegel im Lauf des Tages variieren. Vielleicht führen die Ergebnisse ja dazu, dass Sie Ihr Projekt von Anfang an um Sonnensegel, Hecken, Spaliere, Lauben oder Zäune erweitern. Wenn Sie gerade dabei sind, sollten Sie im Geist auch einmal die Jahreszeiten an Ihrem Grundstück vorüberziehen lassen. Gibt es Zeiten, in denen der Boden heftigen Regenfällen oder viel Schnee und Eis ausgesetzt ist – oder wird er fast das gesamte Jahr von der Sonne beschienen?

Wie Sie im 2. Kapitel ab S. 18 erfahren, gibt es einige Pflastermaterialien, die harte klimatische Verhältnisse besser aushalten können, während andere in Gegenden mit viel Regen für bessere Dränage sorgen.

■ Halten Sie fest, wie die Bewegungsmuster auf Ihrem Grundstück sind. Wo sind die Stellen, an denen die Leute stehen, sich versammeln, wo sitzen sie normalerweise und wie bewegen sie sich hin und her? Diese Muster bieten einige der hilfreichsten Anhaltspunkte, wenn es um den Platz und den Zugang zu Ihrer befestigten Fläche geht.

Planungsschritte

Wenn Ihr Verstand jetzt verlangt, dass Sie etwas zu Papier bringen, können Sie zurück ins Haus gehen, notieren, was Sie festgestellt haben, und sich an die Herstellung einer maßstabsgerechten Zeichnung machen.

Welches Material Sie verwenden – und wie Sie es verwenden – hängt von der Atmosphäre ab, die Sie schaffen wollen. Die Fotos (gegenüberliegende Seite und oben) **zeigen, welche verschiedenen Stimmungen allein mit Zierkies geschaffen werden können.**

Die maßstabsgerechte Zeichnung

Eine maßstabsgerechte Zeichnung stellt Ihr Grundstück aus der Vogelperspektive dar. Eine Einheit auf dem Papier entspricht einer größeren Einheit in der Realität, z. B. können Sie fünf Millimeter 50 Zentimeter entsprechen lassen. Wenn Sie einen Grundriss Ihres Grundstücks besitzen, können Sie diesen als maßstabsgerechte Zeichnung nutzen (vergrößern Sie ihn auf dem Kopierer, wenn nötig). Wenn nicht, fertigen Sie sich selbst einen an. Zeichnen Sie das gesamte Grundstück oder – wenn Sie schon eine klare Vorstellung haben – nur den Teil, wo die gepflasterte Fläche hinkommen soll.

1 Messen Sie alle vorhandenen Baulichkeiten und Anlagen aus (z. B. Einfahrten, Wege, Blumenbeete, Anschlüsse für Wasser und Strom).

2 Übertragen Sie Ihre Messergebnisse mit Bleistift, Lineal und Zeichendreieck maßstabsgetreu auf ein Blatt unlinertes Papier. Wenn die Zeichnung zu groß für ein herkömmliches Blatt ist, können Sie einen großen Transparentpapierbogen aus dem Künstlerbedarf verwenden. Der Einsatz von Millimeterpapier macht die Herstellung maßstabsgerechter Zeichnungen leicht; Sie müssen nur festlegen, welcher realen Einheit jeweils ein Kästchen entspricht.

Ihre Fläche in der Zeichnung

Eine maßstabsgerechte Draufsicht erlaubt es, auf dem Papier Alternativen durchzuspielen. Sie können Ihre Fläche hin- und herschieben (was sehr viel einfacher ist als Erde und Pflastersteine zu bewegen) sowie in Größe und Form verändern.

1 Machen Sie einige Fotokopien Ihrer Zeichnung. Sie können auch Transparentpapier auf das Original legen und mit Klebestreifen befestigen.

2 Lassen Sie sich all die Daten, die Sie draußen gesammelt haben, noch einmal durch den Kopf gehen und fertigen Sie erste Skizzen an. Gehen Sie zu Beginn noch nicht allzu sehr ins Detail, Sie können den Entwurf im Verlauf der Arbeit verändern und verfeinern – vielleicht wird aus einer runden Fläche später ein Oval oder eine Sitzecke wird von einem

Oben Fügen Sie die gepflasterten Flächen harmonisch in die natürlichen und baulichen Gegebenheiten Ihres Grundstücks ein.

Fleck an einen geeigneteren unter einem Baum verschoben. Machen Sie sich noch keine Gedanken um genaue Maße und Formen.

3 Nun geht es wieder nach draußen! Prüfen Sie Ihre Pläne vor Ort. Nehmen Sie einen Stuhl mit und setzen Sie sich an die Stelle, die Sie für die befestigte Fläche vorgesehen haben. Wie fühlt es sich an? Markieren Sie die Umrisse grob mit einem Gartenschlauch oder mit Markierungsfahnen. Wie sieht das aus? Schauen Sie sich das Ganze sowohl von innerhalb des Umrisses an als auch von außerhalb.

4 Wenn Sie sich festgelegt haben, brauchen Sie eine neue Fotokopie Ihres Grundrisses oder legen ein neues Blatt Transparentpapier auf das Original. Zeichnen Sie die Bodenfläche maßstabsgerecht an der vorgesehenen Stelle ein. Diese endgültige Zeichnung hilft Ihnen bei der Berechnung der für Unterbau und Pflasterung benötigten Materialmenge und dient als Richtschnur bei der Arbeit.

Natürlich hat Ihr Plan zu diesem Zeitpunkt noch ein paar Leerstellen, die gefüllt werden müssen. Welches Pflastermaterial und welche Verlegetechnik Sie wählen und ob Sie das Ganze mit einer schönen Einfassung oder Pflanzen zwischen den Pflastersteinen schmücken wollen – all das hat Auswirkungen auf das Endergebnis. In den folgenden Kapiteln finden Sie Informationen zu Materialien und Techniken. Um hier Entscheidungen treffen zu können, brauchen Sie wieder alle Daten, die Sie in Ihrem Garten gesammelt haben. Auf dieser Grundlage füllen Sie die noch vor-

handenen Lücken in Ihrem Plan. Sie sollten sich jedoch nicht darauf verlassen, dass damit alles endgültig ist. Selbst wenn das Material geliefert ist und Sie endlich loslegen, wird es noch kleinere Veränderungen oder neue Ideen geben. Selbst die beste Zeichnung wird oft noch ein bisschen besser, wenn die praktischen Erfahrungen einfließen. Das ist alles Teil des natürlichen Flusses.

Unten **Die Topografie Ihres Geländes hat ebenfalls Einfluss auf die Materialwahl (für leicht abschüssige Flächen eignet sich Gießbeton) und die Gestaltung, z. B. die Einbeziehung gestufter Terrassen.**

Pflaster-
materialien

Der Charakter Ihrer Bodenfläche wird natürlich ganz entscheidend vom Material geprägt, das Sie zum Pflastern benutzen. Jedes Material hat seinen besonderen Look, vom altmodischen Charme wieder aufbereiteter Klinker und Kopfsteine bis hin zur zeitgemäßen Sachlichkeit von Beton. Jedes Material hat seine Vor- und Nachteile in Bezug auf Verlegung, Kosten, Haltbarkeit und Klimabeständigkeit. In diesem Kapitel erhalten Sie einen Überblick über die Eigenschaften traditioneller Pflastermaterialien. Sie können Vergleiche anstellen und dann entscheiden, welches Material für Ihr Vorhaben am besten geeignet ist.

Ziegel

Charakter

Mit ihrem breiten Spektrum an Farben und Texturen und der Mustervielfalt beim Verlegen sind Ziegel oder Klinker eines der vielseitigsten Pflastermaterialien überhaupt. Ob Sie Ihre Fläche nun nostalgisch wirken lassen wollen (vielleicht mit wieder aufbereiteten alten Ziegeln mit bepflanzten Fugen) oder eher formal (mit neuen Pflasterklinkern in einem klaren, sachlichen Muster) oder irgendetwas dazwischen möchten, die Chance, dass Sie Ihr Vorhaben mit diesem Material umsetzen können, ist groß.

Vorteile

Durch ihre Standardgröße haben Ziegel zwei Vorteile gegenüber unregelmäßigen Steinen: Die Menge lässt sich leichter berechnen und sie sind einfacher zu verlegen. Als Pflastermaterial sind sie eine gute Ergänzung zu Ziegelhäusern und sie passen sehr gut in Siedlungen mit historischer Bausubstanz. Sie lassen sich gut reinigen und diejenigen mit etwas gröberer Oberfläche bieten guten Halt. Ziegel passen auch gut zu anderen Materialien, von Beton bis Naturstein, und sind vor allem für Einfassungen ideal. Bei Verlegung auf einem flexiblen Unterbau sind Ziegelböden relativ leicht zu entfernen, wenn darunter z. B. eine Rohrleitung ersetzt oder repariert werden muss.

Nachteile

Es kann relativ schwierig sein, farblich genau zum Haus oder schon vorhandenen Wegen oder Mauern passende Ziegel zu finden. Ziegel sind anfällig für Effloreszenz (weiße Ausblühungen) und Steine in hellen Farben verschmutzen leicht, da sie eine geringere Dichte und höhere Saugfähigkeit haben. Frost oder Baumwurzeln können zu Verwerfungen führen und Ziegel können brechen, wenn sie einer extremen Gewichtsbelastung ausgesetzt sind.

Klimatipps

In Gegenden mit viel Regen werden Ziegel schnell glatt und moosig, bei hartem Frost können sie reißen oder bröckeln und bei heißem Wetter erwärmen sie sich so stark, dass man barfuß kaum darauf laufen kann.

Haltbarkeit

Wenn Ihre Ziegel von guter Qualität sind, dann ist auch ihre Haltbarkeit gut. Leider erweisen sich alte Ziegelsteine mit ihrem besonderen Charakter oft als nicht sehr beständig. Die beste Wahl sind in der Regel spezielle Pflasterklinker. Das Material dafür wird maschinell stark verdichtet und sie werden bei besonders hohen Temperaturen länger gebrannt als Mauerziegel. Dadurch sind sie weniger saugfähig und als Pflastermaterial für den Außenbereich besonders gut geeignet.

Verlegung

Um bei Ziegelböden eine glatte Oberfläche zu erreichen, müssen Sie die Zeit investieren und zuvor einen Betonunterbau herstellen. Bei Verlegung auf einem flexiblen Unterbau (also nicht auf Beton) müssen Sie unbedingt eine Einfassung installieren, planen Sie das also von vornherein ein. Die Verlegung von Ziegeln erfordert sehr viel Genauigkeit, vor allem natürlich dann, wenn Sie komplizierte Muster legen.

Mengenberechnung

Pflasterklinker sind in verschiedenen Größen und Dicken erhältlich (für die Dicke ist die spätere Belastung des Bodens entscheidend). Das Standardmaß ist 200 × 100 mm, weitere häufige Maße sind 240 × 118 mm für rechteckige Steine und 115 × 115 mm, 118 × 118 mm und 120 × 120 mm für quadratische. Wenn Sie die jeweilige Größe zu Grunde legen und die Fugen mit einrechnen, können Sie relativ genau berechnen, wie viele Klinker Sie für einen Quadratmeter benötigen, für das Standardmaß wären das 50 Stück (rechnen Sie

aber lieber etwas großzügiger, da Bruch und späterer Ersatz einzelner Steine nie auszuschließen sind). Multiplizieren Sie die Länge Ihrer Fläche mit der Breite um auf die Quadratmeterzahl zu kommen. Denken Sie daran, dass bei hochkant oder versetzt verlegten Klinkern, die ein interessanteres Muster ergeben, mehr Steine für eine bestimmte Fläche notwendig sind.

Kauf

Pflasterklinker sind im Baumarkt oder Baustoffhandel sowie bei speziellen Pflastersteinhändlern erhältlich. Wenn Sie ein Ziegelhaus oder eine Mauer haben, zu der das Pflaster passen soll, empfiehlt es sich, einen Vergleichsstein mit nach Hause zu nehmen, bevor Sie eine ganze Ladung anliefern lassen. Achten Sie darauf, Pflasterklinker und keine Verblendsteine zu kaufen. Letztere sind für Fassaden bestimmt. In unseren Breiten sollten auf jeden Fall frostbeständige Klinker gekauft werden. Für den Transport gibt es normalerweise verschiedene Möglichkeiten. Die meisten Händler liefern gegen einen geringen Aufpreis an oder bieten Leihfahrzeuge, mit denen Sie Ihre Klinker selbst nach Hause fahren können. Wenn Sie das eigene Fahrzeug nutzen, dürfen Sie die Grenze für die maximale Zuladung nicht überschreiten.

Preis

Da Klinker einzeln oder palettenweise verkauft werden, hängt der Preis von der benötigten Anzahl und vom gewünschten Stil ab. Die drei gängigsten Farben – Rot, Braun und Grau – sind vom Preis her normalerweise ähnlich gelagert, andere Farben und besondere Stilrichtungen variieren stärker im Preis.

Fliesen

Charakter

Bei Fliesen reicht die Palette von natürlichen, unglasierten Terrakottaquadraten bis zu unkonventionell geformten glasierten Fliesen in kräftigen Farben oder schicken Mustern, die alle jeweils in verschiedenen Größen erhältlich sind. Mit Fliesen lassen sich die unterschiedlichsten Stilrichtungen bedienen; sie können mediterranes oder Ethno-Flair verleihen, jung und flippig wirken oder dezente Farbigkeit in das Gesamt-Design einbringen.

Vorteile

Fliesen für den Außenbereich, vor allem die unglasierten, haben eine besonders hohe Dichte und sind kratzfest. Wenn Sie die Rutschfestigkeit von glasierten Fliesen

erhöhen wollen, können Sie beispielsweise ein flüssiges Schleifmittel auftragen. Bis auf die hellsten sind Fliesen unempfindlich gegen Verschmutzungen und Flecken. Ihr größter Vorteil ist die Farb- und Mustervielfalt, die kein anderes Pflastermaterial aufweisen kann.

Nachteile

Die dünnen Fliesen halten nicht viel Gewicht aus. Wenn sie nicht auf einem Betonunterbau (s. S. 47) mit Dehnungsfugen verlegt werden, reißen sie schnell. Die Verlegung von Fliesen ist arbeitsaufwändig; sie müssen sorgfältig verfugt werden und können auch teuer sein, vor allem solche mit ausgefallenen Mustern.

Klimatipps

Wenn Ihr Boden Frost und Tauwetter ausgesetzt ist, müssen Sie unbedingt Fliesen speziell für den Außenbereich kaufen. Beim Verlegen der Fliesen sollten Luft- und Bodentemperatur zwischen 15 und 30 °C liegen.

Haltbarkeit

Ohne eine feste Unterlage reißen Fliesen leicht.

Verlegung

Das Verlegen von Fliesen ist zeitaufwändiger als die Arbeit mit vielen anderen Pflastermaterialien. Wenn Sie eine hohe Haltbarkeit des Bodens anstreben, scheidet die Option des Trockenverlegens auf einem flexiblen Unterbau aus. Sie müssen zunächst ein Betonfundament installieren, auf dem dann die Fliesen verlegt werden.

Mengenberechnung

Multiplizieren Sie die Länge Ihrer Fläche mit der Breite um zu sehen, wie viele Quadratmeter Fliesen Sie kaufen müssen.

Kauf

Die beste Auswahl bieten Fliesenfachgeschäfte, aber auch Baumärkte und Baustoffhändler haben ein großes Angebot. Achten Sie auf Eignung für den Außenbereich, d. h. eine besonders harte Oberfläche und Frostbeständigkeit. Wählen Sie Fliesen mit rutschfester Oberfläche.

Preis

Bei Fliesen gibt es einen Preis pro Quadratmeter, der natürlich vom Material und von der Machart abhängig ist. Tonfliesen, wie z. B. Terrakotta, sind preiswerter als Steinfliesen.

Zierkies und Kieselsteine

Charakter

Das Spektrum der unter dem Sammelbegriff Zierkies zusammengefassten Materialien reicht von glatten, vom Wasser abgeschliffenen Flusskieseln bis hin zu strahlend weißen, eckigen Bruchstücken von größeren Steinen, wobei es eine große Zahl von Kategorien dazwischen gibt. Deshalb kann man für jeden Zweck passende Kieselsteine finden, egal ob sie als harmonische Ergänzung oder als Kontrastprogramm zu vorhandenen Pflanzen, Bau- oder Zierelementen gedacht sind. Was Kiesböden in jedem Falle auszeichnet und von fest verlegtem Pflaster unterscheidet, ist ihre Beweglichkeit.

Vorteile

Ein loser Kiesbelag ist vielseitig einsetzbar, die Möglichkeiten reichen von klar strukturierten, formalen Gärten bis zu meditativen Steingärten. Dazu kommt, dass Kies eines der preiswertesten Materialien ist, die zur Auswahl stehen. Er hat eine gute Dränagefähigkeit, eignet sich für geschwungene Linien und leicht geneigte Flächen und bleibt in Form, auch wenn der Boden darunter arbeitet. Zwischen Pflanzen dient er gleichzeitig als Mulch.

Nachteile

Wenn die einzelnen Steine größer als 2 cm sind, läuft es sich darauf nicht gut. Generell ist Kies nicht für Flächen geeignet, die oft von Kinderwagen und Schubkarren befahren oder mit hochhackigen Schuhen begangen werden. Oft landen Kiesel außerhalb der eigentlichen Fläche und müssen in regelmäßigen Abständen zusammengerecht werden. Deshalb sollte ein Kiesboden auf jeden Fall mit einer Einfassung versehen werden. Wenn sich eine Kiesfläche in der Nähe des Hauses befindet und viel begangen wird, finden sich einzelne Steine sogar im Haus wieder. Das Unkrautwachstum kann durch einen Kiesbelag nicht völlig verhindert werden und weiße Kiesel können sich mit der Zeit verfärben.

Klimatipps

Wenn es in Ihrer Region viel regnet, sollten Sie vor dem Anlegen eines Kiesbodens die Informationen ab S. 35 gründlich lesen, um eventuellen Dränageproblemen vorbeugen zu können.

Haltbarkeit

Lose Kiesbeläge sind haltbar und erfordern nicht viel Pflege. Sie müssen lediglich von Zeit zu Zeit Kies nachfüllen und verstreute Kiesel zusammenrechen.

Verlegung

Die Verlegung ist relativ leicht – und dauert bei weitem nicht so lange wie das Verlegen von Platten. Auf jeden Fall sollten Sie den Zeit-, Kraft- und Kostenaufwand für eine Einfassung um den Kiesboden herum einplanen, da diese ein gutes Mittel gegen Kiesel auf Abwegen ist.

Mengenberechnung

Viele Arten von Zierkies werden in Säcken verkauft. Bei Schüttgut wird in Kubikmetern oder Tonnen gerechnet. Um herauszufinden, wie viele Kubikmeter Sie benötigen, rechnen Sie Länge × Breite × Tiefe Ihres Kiesbodens (alle Maße in Metern).

Kauf

Loser Kies ist im Baumarkt, Baustoff- oder Pflastersteinhandel erhältlich, vielleicht gibt es in Ihrer Nähe aber auch die Möglichkeit, ihn direkt von einer Kiesgrube zu beziehen. Die meisten Händler liefern gegen einen Aufpreis an. Zierkies in Säcken gibt es in Baumärkten und Gartencentern.

Preis

Der Preis berechnet sich pro Tonne oder Kubikmeter, u. U. gibt es Mengenrabatt. Zierkies kostet natürlich mehr als normaler Kies.

Stein

Natursteinpflaster lässt sich in drei Hauptkategorien einteilen: Feldsteine, Bruchsteinplatten und Werkstein. Feldsteine sind genau das, was der Name besagt – raue, unregelmäßig geformte Steine, die nicht bearbeitet sind. Sie stammen von Feldern, aus Flussbetten oder von alten Steinmauern. Für Pflasterarbeiten eignen sich nur flache Feldsteine mit einigermaßen glatter Oberfläche. Bruchsteinplatten sind flach und dünn, werden in unregelmäßige Formen geschnitten oder gebrochen und haben meist keine glatten Kanten. Werkstein wird in gleichmäßige Formen geschnitten, meist Quadrate und Rechtecke unterschiedlicher Größe (bis zu 1 m²), er umfasst Pflastersteine und Steinplatten.

Es gibt vier wichtige Gesteinsarten, deren Verfügbarkeit von Region zu Region unterschiedlich sein kann.

Sedimentgestein, z. B. Sandstein, Kalkstein und Blausandstein, ist relativ weich und lässt sich leicht schneiden. Es kann schön gemasert sein und die strukturierte Oberfläche ist rutschfest. Allerdings neigen solche Steine wegen ihrer Porosität zu Verschmutzung und Verwitterung.

Schiefer ist ein hartes und dauerhaftes Gestein, dessen Farbspektrum von Blau über Grau bis zu Schwarz reicht. Schiefer wird dünn geschnitten und sollte am besten nur auf Beton verlegt werden.

Granit ist sehr hart und haltbar. Die Farben reichen von Weiß über Rosa bis zu Dunkelgrau. Granit ist ein teures Material, das sich besonders für Einfassungen und anspruchsvolle Oberflächen anbietet.

Marmor ist ein teurer Stein mit wunderbaren Farben und Maserungen, der sich leicht schneiden lässt. Marmorpflaster ist allerdings glatt und nicht rutschfest.

Charakter

Feldsteine bieten sich an, wenn Sie eine rustikale, stark strukturierte Bodenfläche haben wollen, die aussieht, als sei sie direkt von einem alten Bauernhof zwischen die Blumen in Ihrem Garten verpflanzt worden. Bruchsteinplatten mit ihren unregelmäßigen Formen und Oberflächen sorgen für einen ähnlichen optischen Effekt, insgesamt wird die Fläche aber ebener und glatter. Mit beiden Materialien können Sie fantasievolle Muster mit unregelmäßigen Abständen zwischen den Steinen legen – ideal zum Bepflanzen, wenn Sie die Steine nicht auf Beton, sondern auf einem flexiblen Unterbau verlegen. Werkstein sorgt mit seiner einheitlichen Form und Größe dagegen für einen formaleren, eleganteren Look. Wenn Sie eine Gesteinsart verwenden, die in Ihrer Region vorkommt, schaffen Sie in allen drei Fällen die beste Voraussetzung, dass sich Ihr Boden harmonisch in die Umgebung einfügt.

Vorteile

Feldsteine und Bruchsteinplatten können sowohl auf ebenen als auch auf leicht geneigten Flächen eingesetzt werden. Bruchsteinplatten lassen sich leicht in die Form schneiden, die für das Boden-Puzzle gerade benötigt wird (s. S. 93). Werkstein bildet eine glatte Oberfläche, was ideal ist, wenn Sie viele Gartenmöbel aufstellen wollen. Wenn er mit Mörtel verfugt wird, ergibt sich eine äußerst dauerhafte Fläche. Bei allen drei Steinarten gibt es oft die Möglichkeit, dass man regional vorkommendes Gestein verwendet, das gut zu anderen Steinbauwerken oder -elementen in der Umgebung passt.

Nachteile

Auf Steinen (vor allem Feldsteinen) mit unregelmäßiger Oberfläche sammelt sich bei Regen das Wasser und wenn sie außergewöhnlich bucklig sind, lässt es sich darauf nicht besonders gut laufen. Andererseits werden glatte Steine, wie z. B. Schiefer und Marmor, bei Nässe extrem rutschig. Werkstein kann ziemlich teuer sein. Und alle Steine sind natürlich sehr schwer.

Klimatipps

Bei Frost gefrieren die kleinen Pfützen auf unregelmäßigen Oberflächen, was zu Unfällen führen kann. Kleine, trocken verlegte Steine können sich bei Frost heben und Werkstein kann reißen.

Haltbarkeit

Gut bis ausgezeichnet, obwohl sich einige Steinarten (z. B. Kalkstein) durch jahrelanges Begehen austreten und verwittern.

Verlegung

Feldsteine und Bruchsteinplatten zu verlegen ähnelt dem Zusammensetzen eines sehr großen – und sehr schweren – Puzzles. Da kein Teil wie das andere ist, verbringen Sie u. U. sehr viel Zeit damit, die Steine in die gewünschte Form zu bringen. Werkstein lässt sich trocken etwas leichter verlegen, wenn er mit Mörtel verfugt wird, ist das eine arbeitsintensive und kraftaufwändige Sache.

Mengenberechnung

Multiplizieren Sie Länge und Breite Ihrer Fläche, um auf die benötigte Quadratmeterzahl zu kommen. Feldsteine werden in der Regel tonnenweise verkauft, aber Fachhändler können die benötigte Menge auf der Grundlage Ihrer Quadratmeterangabe grob berechnen.

Kauf

Wenn sich in Ihrer Nähe ein mit Steinen übersätes Feld befindet, können Sie Feldsteine selbst sammeln (was bei einer großen Fläche aber sehr zeitaufwändig sein kann). Sie können sich auch direkt an einen Steinbruch wenden, außerdem an Natursteinhändler oder Baumärkte. Viele Händler liefern die Steine an. Wenn Sie Ihre Steine selbst transportieren wollen, geht das sicher nur mit mehreren Fahrten.

Preis

Wenn die Steine tonnenweise verkauft werden, beeinflussen Größe und Dicke der Steine den Preis. Einige Farben und Arten sind teurer als andere, der höchste Preis wird für Werkstein in seltenen Farben verlangt. Steinbrüche, in denen man die Steine selbst einsammeln kann, erheben dafür meist eine Gebühr.

Betonpflaster-steine

Charakter

Betonpflastersteine sind vor allem deshalb so beliebt, weil sie sich für fast alle Stilarten eignen. Einige sind hervorragende Naturstein-Imitationen, auch was Farbspektrum und Texturen betrifft. Andere bieten Formen, die bei Steinen nicht vorkommen, z. B. Kreis und Achteck, oder geprägte Oberflächen, die an Materialien wie Ziegel oder Holz denken lassen. In Quaderform gegossene Betonsteine ähneln Klinkern oder Granit. Ineinander greifende Verbundsteine haben zwar keine natürliche Form, bilden aber originelle Muster und eine ungewöhnlich robuste Oberfläche.

Vorteile

Wenn Sie Betonpflastersteine sorgfältig auf einem gut vorbereiteten Unterbau verlegen, kann Ihr Boden Jahrzehnte halten. Der Pflegeaufwand ist gering. Betonpflastersteine halten extreme Witterungsbedingungen und große Gewichtsbelastungen aus, ohne an Farbe oder Haltbarkeit zu verlieren. Dazu kommt, dass sie nur etwa halb so viel kosten wie Naturstein. Sie lassen sich auch leichter schneiden als Klinker und eignen sich für ausgefallene und interessante Muster. Bei Verlegung auf einem flexiblen Unterbau können Teile eines Betonpflasters relativ leicht entfernt und wieder eingesetzt werden, wenn unter der Fläche befindliche Rohre oder Leitungen zugänglich gemacht werden müssen.

Nachteile

Betonsteine von minderer Qualität, die Klinker oder andere Materialien imitieren sollen, können unnatürlich aussehen. Werden große Flächen mit Verbundpflaster versehen, kann das monoton wirken. Den zusätzlichen Aufwand für eine Einfassung sollten Sie auf keinen Fall scheuen, sie sorgt dafür, dass die Steine an ihrem Platz bleiben.

Klimatipps

Bei einem guten Unterbau erfüllen Betonpflastersteine ihren Zweck unter allen klimatischen Bedingungen.

Haltbarkeit

Ausgezeichnet.

Verlegung

Wegen ihrer gleichmäßigen Größe und Form sind Betonpflastersteine etwas leichter zu verlegen als Feldsteine oder Bruchsteinplatten. Trotzdem bleibt die feste Verlegung mit Mörtelfugen eine arbeitsaufwändige Sache. Die Verlegung von Steinen, die nicht ineinander greifen, ähnelt der Verlegung von Klinkern, es kommt also auf Genauigkeit an. Verbundsteine lassen sich dagegen leichter verlegen. In jedem Falle sollten Sie dem Unterbau große Aufmerksamkeit widmen, denn er ist der Schlüssel zum Erfolg.

Mengenberechnung

Betonpflastersteine werden meist quadratmeterweise verkauft. Multiplizieren Sie die Länge Ihrer Fläche mit der Breite, um auf die benötigte Menge zu kommen. Quaderförmige Betonsteine sind meist etwas kleiner als Standard-Klinker (200×100 mm), die pro Quadratmeter benötigte Anzahl ist aber ungefähr gleich. Sie können also eine ähnliche Grobkalkulation anstellen.

Kauf

Pflasterstein- oder Baustoffhändler bieten das umfangreichste Sortiment an Betonpflastersteinen, aber auch das Angebot der Baumärkte ist groß. Viele Anbieter verfügen über Demonstrationsflächen, wo Sie leicht verschiedene Farben und Stilarten vergleichen können.

Preis

Bei den Kosten liegen Betonpflastersteine ungefähr im Bereich von Klinkern. Im Vergleich zu Natursteinpflaster sind sie erheblich preiswerter.

Gießbeton

Charakter

Beton, die manchmal als „flüssiger Stein" bezeichnete Mischung aus Zement und Wasser, kann in jede vorstellbare Form gegossen werden. Er kann eingefärbt werden, die Oberfläche kann strukturiert werden, z. B. mit einem Reibebrett, einem Besen oder Blättern, man kann Muster einprägen oder andere Materialien einarbeiten. Dabei reicht das Spektrum von wahllos verstreuten Muscheln bis hin zu komplizierten Mosaikarbeiten. Gießbeton passt besonders gut zum sachlich-kühlen urbanen Stil, passt sich aber auch anderen Richtungen an.

Vorteile

Gießbeton ist nicht nur eines der preiswertesten Pflastermaterialien, er ist auch

extrem haltbar und dauerhaft. Beton ergibt außerordentlich pflegeleichte Böden, er erlaubt vielfältigste Gestaltungsmöglichkeiten und lässt sich gut mit anderen Materialien zu interessanten Mustern und originellen Flächen kombinieren.

Nachteile

Natürlich kann Gießbeton steril wirken, wenn er fantasielos auf großen Flächen verarbeitet wird. Er ist komplizierter zu verarbeiten als andere Pflastermaterialien. Wer kein erfahrener Heimwerker ist, sollte besser Hilfe in Anspruch nehmen. Auch hier ist ein guter Unterbau das A und O. Ist der Beton einmal gegossen und abgebunden, ist die Sache erledigt. Wenn Sie jetzt Ihre Meinung ändern und alles anders machen wollen, müssen Sie das Ganze aufbrechen und neu anfangen.

Klimatipps

In Gegenden mit harten Wintern (oder an Standorten mit noch wachsenden Baumwurzeln) können Risse im Beton zum Problem werden. Im Winter kann sich auf Beton auch eine Eisschicht bilden. Auch beim Gießen des Betons sollten Sie auf das Wetter achten. Vermeiden Sie sowohl extreme Hitze als auch zu kalte Temperaturen, ansonsten kann es zu Störungen beim Erhärten kommen.

Haltbarkeit

Ausgezeichnet.

Verlegung

Gießbetonböden sind zeitaufwändiger in der Herstellung als alle anderen. Sie erfordern auch eine sorgfältigere Planung und mehr Technik.

Mengenberechnung

Beim Kauf gibt es zwei Möglichkeiten: gebrauchsfertige Mischungen, die in Säcken verkauft werden (Sie müssen nur noch Wasser zugeben), oder die einzelnen Bestandteile (Zement, Sand und Kies), die Sie in einem Betonmischer (bei kleinen Mengen reicht auch eine Schubkarre) selbst mischen. Bei den fertigen Mischungen ist normalerweise aufgedruckt, wie viel ein Sack ergibt. Beim Kauf der einzelnen Bestandteile kann Sie Ihr Fachhändler beraten und helfen, die jeweils benötigte Menge zu berechnen. Die Mengen können je nach Region variieren. Ausgangspunkt sollte die Standardformel sein: Länge × Breite × Tiefe der geplanten Fläche ergibt die benötigte Kubikmeterzahl. Bei der Zementmenge sollten Sie 10 Prozent zugeben, da meist etwas verstreut oder weggeblasen wird.

Kauf

Gebrauchsfertige Mischungen bekommen Sie im Baumarkt, ebenso wie Zement. Bei Kauf der einzelnen Bestandteile bieten sich jedoch Baustoffhändler an, bei denen Sie neben dem Zement auch die Zuschlagstoffe Sand und Kies bekommen. Verkauft wird entweder kubikmeter- oder tonnenweise. Bei größeren Mengen ist es empfehlenswert, sich den fertigen Beton von einem Transportbetonwerk anliefern zu lassen.

Preis

Insgesamt gesehen ist Gießbeton eines der preiswertesten Pflastermaterialien. Gebrauchsfertige Mischungen sollten Sie nur verwenden, wenn kleine Mengen benötigt werden (für größere Mengen sind sie zu teuer). Bei großen Mengen lohnt sich die Anlieferung von Fertigbeton, weil reduzierter Zeit- und Arbeitsaufwand die höheren Kosten wettmachen. Die Kosten hängen natürlich vom Anfahrtsweg, der Zugänglichkeit Ihres Grundstücks und der abgenommenen Menge ab.

Werk-zeuge

Wenn Sie denken, dass das Herstellen einer gepflasterten Fläche im Garten gleichbedeutend ist mit einem Riesenaufwand oder wenn Sie Assoziationen haben wie *Baustelle, viele Leute, große Maschinen, teure Ausrüstung*, dann wird Sie das nun folgende Kapitel beruhigen.

Die Liste der Werkzeuge, die Sie brauchen, um eine einfache befestigte Fläche herzustellen, ist überraschend kurz – und enthält nichts Außergewöhnliches. Wenn Sie schon einmal ein Heimwerker-Vorhaben in Angriff genommen haben, bei dem Sie messen, markieren, graben und Erde bewegen mussten, stehen die Chancen gut, dass Sie den Großteil dessen, was benötigt wird, schon haben. Keines der notwendigen Werkzeuge ist zu speziell oder schwer erhältlich. Die meisten sind sogar so gewöhnlich, dass Sie eventuell doch vorhandene Lücken für relativ wenig Geld schließen können. Natürlich können Sie sich Werkzeuge auch ausleihen, vielleicht bei einem netten Nachbarn.

Es folgt ein Überblick über alles, was für die einzelnen Schritte zur Herstellung einer befestigten Fläche benötigt wird. In den Kapiteln zu den einzelnen Pflastermaterialien (ab S. 52) wird jeweils am Anfang darauf hingewiesen, was an Werkzeugen speziell für dieses Material noch erforderlich sein kann. Bei manchen handelt es sich um Werkzeuge, die Sie vielleicht nie wieder brauchen würden und deshalb nicht kaufen möchten. In diesen Fällen sollten Sie den Verleih-Service in Anspruch nehmen, den die meisten Baumärkte anbieten.

Markierungswerkzeuge

Markierungsfahnen oder **Pflöcke und Schnur.** Diese Hilfsmittel dienen zum Markieren der Umrisse Ihrer geplanten Fläche. Die Fahnen werden einfach in regelmäßigen Abständen in den Boden gesteckt. Bei der anderen Variante werden die Ecken mit Holzpflöcken oder Moniereisen markiert, zwischen denen Schnur gespannt wird. Für eine Fläche mit geschwungenen oder gerundeten

Von links nach rechts: **Markierungsfarbe, Wasserwaage, Wasserwaagenlibellen, Bandmaß, Zimmermannswinkel, kleinere Wasserwaage, Markierungsfahnen, Moniereisen und Schnur**

Kanten können Sie auch ein Seil oder einen Gartenschlauch zum Markieren der Umrisse verwenden.

Bandmaß. Um genau zu wissen, wo Sie Ihre Fahnen oder Stäbe einstecken müssen (und für unzählige weitere Messungen im Verlauf der Arbeiten) brauchen Sie ein gutes, robustes Messinstrument. Ein normales Rollbandmaß ist dafür erste Wahl.

Zimmermannswinkel. Mit diesem Werkzeug können Sie leicht feststellen, ob Ecken aller Art rechtwinklig sind.

Markierungsfarbe. Nach dem Markieren der Umrisse mit Fähnchen, Stäben oder einem Schlauch sollten Sie die Umrisslinien auf dem Boden mit Sprühfarbe markieren, um eine Orientierungshilfe beim Graben zu haben. Bei geraden Linien können Sie auch eine mit Kreide eingeriebene straff gespannte Schnur auf den Boden schnipsen lassen.

Große Wasserwaage. Mit diesem ca. einen Meter langen unverzichtbaren Werkzeug wird im Verlauf der gesamten Arbeiten das Gefälle der Fläche kontrolliert. Das beginnt schon mit dem Gefälle der zu markierenden Bodenfläche. Wenn Sie eine größere oder auch eine kleinere Wasserwaage besitzen, können Sie diese natürlich auch verwenden.

Wasserwaagenlibellen für Schnüre. Diese kleinen und leichten Werkzeuge werden von straff gespannten Schnüren gehalten. Sie erfüllen dieselbe Funktion wie eine große Wasserwaage, eignen

Von links nach rechts: **eckige Schaufel, Handstampfer, Breithacke, Rundschaufel**

sich aber besser, wenn größere Abschnitte einer Bodenfläche kontrolliert werden sollen.

Grabwerkzeuge

Rundschaufel. Wenn es ans Graben geht, ist dieses gute alte Mehrzweckwerkzeug nicht zu schlagen. Diese Schaufel sollten Sie auch verwenden, wenn Sie später Fundamentmaterial in der ausgehobenen Grube verteilen.

Eckige Schaufel. Diese Schaufel eignet sich gut zum Abstechen der Ränder Ihrer Bodenfläche und zum Begradigen unebener Stellen – später wird sie verwendet, wenn Schotter in das Fundament geschaufelt wird.

Breithacke. Dieses Werkzeug hat

eine breite, leicht gebogene Grabeschneide an einer Seite und eine schmale Hackschneide oder Spitzhacke an der anderen. Dadurch ist diese Hacke ideal zum Lockern verdichteter Erde und festsitzender Steine sowie zum Entfernen von Wurzeln.

Handstampfer. Dieses Werkzeug wird zuerst zum Verdichten des Untergrundes benötigt, danach zum Verdichten der einzelnen Materialien, die den Unterbau bilden. Das ist unbedingt nötig, um dem Pflaster ausreichend Stabilität zu verleihen. Die Metallplatte des Handstampfers ist normalerweise quadratisch mit einer Kantenlänge zwischen 20 und 25 cm. Für besonders große Flächen empfiehlt es sich, einen Motor-Rüttler auszuleihen.

Schubkarre. Die Schubkarre wird zunächst gebraucht, um ausgehobene Erde wegzubringen und dann

Von links nach rechts: **Metallrechen, Maurerhammer, Gummihammer**

Unterbau- & Pflasterwerkzeuge

Metallrechen. Wir reden hier nicht von einem Laubrechen, sondern von einem stabilen Rechen, der einiges aushält. Wenn Sie die für den Unterbau ausgehobene Grube zunächst mit Schotter oder Kies und dann mit Sand füllen, brauchen Sie die Zinken dieses vielseitigen Werkzeugs zum Verteilen des Materials und die gerade Seite zum Einebnen und Glätten.

Abziehlatte. Das ist ein langes schmales Holzbrett, das über das Sandbett des Unterbaus oder frisch gegossenen Betons gezogen wird, um die Oberfläche zu glätten. Zum Glätten eines Sandbetts können Sie die Enden der Latte so ausschneiden, dass sie über die Einfassung oder provisorische Stützen (z. B. Holzbretter oder Metallrohre) gezogen werden und den Sand in der erforderlichen Höhe glätten können.

Gummihammer. Nach dem Verlegen müssen die Pflastersteine mit diesem Werkzeug eingerüttelt werden.

Maurerhammer. Beim Verlegen bestimmter Pflasterarten (vor allem Bruch-

um Unterbaumaterial heranzutransportieren. Zum Betonmischen muss die Schubkarre besonders robust sein.

Weitere Werkzeuge, die aber nicht in jedem Falle benötigt werden, sind eine Astschere oder Baumsäge, mit denen kleine Wurzeln entfernt werden können, und eine stabile Haue, die sich zur Entfernung von Rasensoden und zum Aufbrechen von sehr lehmigen Böden eignet.

Im Uhrzeigersinn von links: **Besen, Bürste, Maurerkellen**

steinplatten) können Sie mit diesem Werkzeug kleine Stücke von den Steinen abbrechen (oder das Material einkerben, um gerade Bruchkanten zu erhalten), damit die Form besser passt.

Weitere Werkzeuge

Besen mit harten Borsten. Mit dem Besen wird Sand in die Fugen eingefegt (an engen Stellen oder Ecken kann eine harte Bürste hilfreich sein). Außerdem braucht man ihn für die Reinigung der fertigen Bodenfläche.

Maurerkellen. Mit ihren verschiedenen Größen und Formen eignen sie sich für verschiedenste Arbeiten, vom Verteilen von Mörtel vor dem Verlegen von Steinen bis hin zum sauberen Verfüllen und Glätten der Fugen dazwischen.

Schlauch. Eine sanfte Beregnung fördert das Setzen von Pflastersteinen mit Sand oder Trockenmörtel in den Fugen.

Gehörschutz, Schutzbrille, Knieschützer

Sicherheitsausrüstung

Wenn Sie Ziegel brechen oder Steine schneiden, ist eine Schutzbrille ein Muss. Wenn Sie für diese Arbeiten Elektro-Werkzeuge verwenden oder mit einem Motor-Rüttler arbeiten, sollten Sie einen Gehörschutz tragen. Knieschützer empfehlen sich, da die sorgfältige Verlegung von Pflastersteinen in Sand oft stundenlanges Knien bedeutet. Und derbe Arbeitshandschuhe machen vieles leichter, vom Steintransport bis zur Arbeit mit der Breithacke.

Grund-
lagen

Genau wie die Fußböden, die wir im Haus haben, müssen Bodenflächen im Außenbereich unabhängig von Typ und Material eben und trocken sein. Das bedeutet, dass Sie vor der Beschäftigung mit Materialien und Verlegetechniken Ihre Aufmerksamkeit erst einmal auf Gefälle, Dränage und die Herstellung eines guten Unterbaus richten müssen.

Gefälle

Zu starkes Gefälle

Jede befestigte Fläche im Garten muss ein wenig geneigt sein (dazu kommen wir gleich). Wie bei vielen anderen Dingen ist zu viel aber schädlich.

Wenn der Geländeabschnitt, wo Sie Ihre Terrasse anlegen wollen, nur etwas stärker geneigt ist, als es zum Gehen, Stehen oder Sitzen angenehm ist, können Sie ihn relativ leicht begradigen. Lockern Sie die Erde an den höheren Stellen mit der Breithacke, tragen Sie den Boden mit der eckigen Schaufel ab und transportieren Sie ihn mit der Schubkarre an die Stellen, die erhöht werden sollen, um die gesamte Fläche zu begradigen.

Wenn an der ausgewählten Stelle allerdings ein steiler Geländeabfall, ein Anstieg oder viele Bodenwellen vorhanden sind, sollten Sie für die Erdarbeiten entweder einen kleinen Frontschaufellader mieten oder ein Fachunternehmen damit beauftragen, das Gelände vorzubereiten (diese Optionen gelten natürlich auch für den Fall, dass Ihr Gelände viel zu groß ist um mit der Schaufel bearbeitet zu werden). Bei einem starken Gefälle sollten Sie jedoch immer daran denken, dass *mit* dem zu arbeiten, was man vorfindet, statt es zu bekämpfen, meist die günstigste und natürlichste Variante ist. Statt einen großen Geländeabschnitt mit schwerem Gerät völlig umzukrempeln, könnten Sie z. B. mehrere Terrassen mit Verbindungsstufen in Erwägung ziehen. Auf S. 34 erfahren Sie, wie Sie einfache Stufen bauen können, die an einem steilen Hang befindliche Flächen miteinander verbinden. Bei einer komplizierteren Geländesituation empfiehlt es sich aber, Experten zu konsultieren, z. B. einen Landschaftsarchitekt, und auch die Erdarbeiten vom Fachbetrieb ausführen zu lassen.

Ausreichendes Gefälle

Obwohl Sie einen steilen Hang vor dem Pflastern begradigen müssen, dürfen Sie nie nach einer *vollständig* waagerechten Fläche streben. Ein ganz leichtes Gefälle der Fläche ist sehr wichtig, da es das Wasser von der Oberfläche abfließen lässt (und es vor allem vom benachbarten Haus oder Gebäudefundament wegleitet). Das Standardgefälle von zwei Prozent ist für das Auge so gut wie nicht wahrnehmbar (von den Füßen ganz zu schweigen), reicht aber aus, um das Wasser abzuführen. Um dieses Gefälle zu erreichen, müssen Sie Ihr Gelände durch Abnehmen oder Zugabe von Erde so gestalten, dass es pro 50 cm in der Horizontalen 1 cm abfällt.

Zur Bestimmung des Gefälles von zwei Prozent verwenden Sie eine Wasserwaagenlibelle mit Doppellinien, die in der Mitte einer Schnur befestigt ist. Diese spannen Sie zwischen zwei Pflöcken, einer davon am höheren Ende der Fläche (z. B. am Haus), der andere am niedrigeren Ende.

■ Bringen Sie die Libelle zunächst in die Waage, sodass sich die Luftblase genau in der Mitte befindet (Foto 1).

■ Schieben Sie die Schnur am unteren Ende dann so weit nach unten (Abb. 1), dass sich die Luftblase an die Außenlinie verschiebt. Das entspricht einem Gefälle von zwei Prozent bzw. einem Geländeabfall von einem Zentimeter auf einen halben Meter. Wenn Sie also eine vier Meter breite Terrasse planen, muss sich der obere Rand der Fläche acht Zentimeter höher befinden als der untere.

Foto 1 **Eine Wasserwaagenlibelle, bei der sich die Luftblase genau in der Mitte befindet (die Schnur ist in der Waage).**

Abbildung 1 **Anpassung der Wasserwaagenlibelle zum Erreichen eines Gefälles von zwei Prozent.**

Einfache Stufen

Ansteigendes bzw. abfallendes Gelände in einem Garten ist optisch oft so attraktiv, dass man nicht gern darauf verzichten möchte. Alles zu einer großen langweiligen Fläche einzuebnen, kommt daher für viele nicht infrage. Es empfiehlt sich viel eher, an einem natürlichen Hang mehrere Flächen zu begradigen und zu befestigen und dazwischen einfache Stufen anzulegen. Eine unkomplizierte Variante sind Stufen aus unbearbeiteten Rundhölzern.

1 Befreien Sie den Hang dort, wo die Treppe verlaufen soll, von Pflanzen, Laub und Mutterboden.

2 Messen Sie den Höhenunterschied zwischen den Stellen, an denen die erste und die letzte Stufe vorgesehen sind.

3 Teilen Sie dieses Maß durch die Stufenhöhe (entspricht der Breite Ihres Holzes) um auf die benötigte Stufenanzahl zu kommen.

4 Installieren Sie die Rundhölzer in regelmäßigen Abständen. Gehen Sie dabei von unten nach oben vor und stampfen Sie den Boden hinter dem Holz jeweils gut fest.

5 Machen Sie vor dem Verankern der Rundhölzer einen Test und prüfen Sie, ob die Stufen gut begehbar sind. Bohren Sie dann zwei Löcher (ca. 1,5 cm Durchmesser) mittig in das Holz, und zwar je 15 cm vom Ende entfernt. Treiben Sie 60 cm lange Moniereisen durch die Löcher in den Boden darunter, bis das obere Ende mit dem Holz abschließt.

Auch in einen Hang eingegrabene flache Feldsteine ergeben stabile und vor allem sehr natürlich wirkende Stufen.

■ Nutzen Sie die geneigte Schnur beim Ausheben des Bodens als Richtlinie um sicherzustellen, dass der Untergrund auch das notwendige Gefälle aufweist. Messen Sie dazu jeweils den Abstand zwischen der Schnur und dem Boden der Grube.

Sie können auch eine lange Wasserwaage mit Doppellinien am Glasbehälter verwenden, um beim Ausheben des Fundaments die Neigung des Untergrundes und später beim Verlegen die Neigung des Pflastermaterials zu kontrollieren.

■ Legen Sie die Wasserwaage so auf, dass sich ein Ende am oberen Rand Ihrer Fläche befindet.

■ Bei einer Geländeneigung von zwei Prozent befindet sich die Luftblase an der äußeren Linie auf dem Glasbehälter (s. Abb. 2). Messen Sie im Verlauf der Aushubarbeiten regelmäßig nach, je weiter Sie sich nach unten arbeiten. Gleichen Sie den Untergrund aus, wenn nötig, sodass Sie am Ende das zweiprozentige Gefälle erreichen.

Dränage

Das richtige Gefälle Ihrer Fläche sorgt dafür, dass Regenwasser problemlos ablaufen kann. Genauso wichtig ist es jedoch, eventuell vorhandene ernsthafte Dränageprobleme aufzuspüren und zu beheben, bevor Sie mit den Pflasterarbeiten beginnen. Wenn es auf Ihrem Grundstück Probleme mit großen Regenwasser- oder Unterflurwassermengen gibt, finden sich dafür sicher deutliche Anzeichen, etwa schlammige Stellen, stehende Pfützen, besonders üppiges Pflanzenwachstum oder nasse Kellerwände. Sie können auch einen

Abbildung 2 **Einsatz einer Wasserwaage zur Gefällekontrolle.**

einfachen Test machen um festzustellen, wie die Dränage Ihres Bodens ist.

1 Graben Sie ein ca. 60 cm tiefes Loch von 10 cm Durchmesser und füllen Sie es mit Wasser.

2 Lassen Sie das Wasser versickern und füllen Sie das Loch danach erneut.

3 Kontrollieren Sie das Loch nach 24 Stunden. Ist das gesamte Wasser versickert, ist der Boden durchlässig oder sandig und verfügt über eine gute Dränage. Steht sogar nach 48 Stunden noch Wasser im Loch, ist der Boden zu stark verdichtet oder sehr lehmig, in diesem Fall sollten Sie die Dränage vor Beginn der Arbeiten verbessern. Wenn der Wasserstand im Loch nicht sinkt, sondern allmählich steigt, ist der Grundwasser-

spiegel auf Ihrem Grundstück sehr hoch. In diesem Fall ist die Verlegung von Pflaster direkt in den Boden keine sehr gute Idee; hier könnte ein auf einer erhöhten Holzplattform verlegter Boden eine gute Alternative sein.

Wie die Dränage verbessert werden kann, hängt natürlich immer von den konkreten Bedingungen des Standorts ab. Im Allgemeinen lässt sich aber aus der Art des vorliegenden Problems ableiten, mit welchen Mitteln man ihm zu Leibe rücken könnte. Hier einige einfache Lösungen für häufig auftretende Dränageprobleme.

Spritzsteine und Fallrohrverlängerungen

Stellen Sie sicher, dass Ihre Fallrohre das Wasser gut vom Haus wegleiten und nicht in den Boden direkt am Fundament laufen lassen. Wenn das Wasser nicht weit genug weggeleitet wird, können handelsübliche Spritzsteine aus Beton oder einige große Steine Abhilfe schaffen, die am Ende des Fallrohrs platziert werden. Dadurch wird das Wasser besser verteilt. Bei einem angemessen geneigten Gelände können Sie das Problem oft auch dadurch lösen, dass Sie ein entsprechend langes Verlängerungsstück an das Fallrohr ansetzen.

Dränagerohre

Wenn Sie ein Problem mit Oberflächenwasser haben, das mit Spritzsteinen oder Fallrohrverlängerung nicht gelöst werden kann, können Sie ein flexibles, nicht perforiertes PVC-Dränagerohr im Boden verlegen. Heben Sie dazu einen ca. 30 cm tiefen Graben aus, der von der Quelle des Problems bis zu einer Stelle verläuft, wo das Wasser gut ablaufen oder versickern kann (Sie können das Dränagerohr mit einem speziellen Verbindungsstück auch direkt an das Ende des Fallrohrs anschlie-

Abbildung 3 **Ein Problem mit Oberflächenwasser kann durch ein Dränagerohr gelöst werden.**

ßen, wenn das notwendig ist.). Regenwassersammler, Gossen oder die später beschriebenen Sickerschächte und Auffangbecken eignen sich als Endpunkte. Abwasserkanäle sind dagegen nicht geeignet und das Wasser auf das Nachbargrundstück zu leiten ist nicht nur dreist, sondern in manchen Orten auch nicht erlaubt. Machen Sie den Graben zehn Zentimeter breiter als das Rohr und sorgen Sie für eine minimale Neigung von einem Prozent (d. h. ein Zentimeter auf einen Meter in der Horizontalen). Füllen Sie den Graben mit einer 5 cm dicken Kiesschicht, legen Sie das Rohr darauf und füllen Sie mit Kies auf. Obenauf kommen Grassoden oder Pflanzen.

Sie können Dränagerohre auch zum Ableiten von Unterflurwasser nutzen. Bereiten Sie den Graben nach der oben stehenden Anleitung vor, verlegen Sie aber ein perforiertes PVC-Rohr mit den Löchern nach unten. Das Wasser kann in das Rohr steigen und die Löcher werden nicht von Schlamm und Pflanzenteilen verstopft.

Gräben

Ein flacher Graben ist eine gute Möglichkeit, über einen Hang ablaufendes Wasser
zu verlangsamen oder umzuleiten. Legen
Sie den Graben so an, dass das Wasser in
die gewünschte Richtung abläuft. Formen
Sie die Erde an der hangabwärts gelegenen Seite des Grabens zu einem kleinen
Damm und legen Sie danach Rasensoden
darüber oder bepflanzen Sie das Ganze
mit Bodendeckern. Einen Graben mit besonders starkem Gefälle können Sie zur
Erosionsvorbeugung mit Geotextilvlies
auslegen oder mit Steinen füllen (große
Flusskiesel oder Feldsteine zwischen 10
und 20 cm Größe eignen sich gut).

Abbildung 4 **Ein Graben ist eine gute Möglichkeit, ablaufendes Wasser umzuleiten
oder zu verlangsamen.**

Auffangbecken

Zur Verbesserung der Dränage in einer
Senke, wo ständig Pfützen stehen, ist ein
Auffangbecken die beste Lösung. Auffangbecken sind meist quadratisch
(Länge/Breite zwischen 30 und 50 cm)
und zwischen 50 cm und einem Meter
tief. Sie können ein solches Becken selbst
aus Beton gießen oder eines aus Kunststoff kaufen. Legen Sie ein leicht geneig-
tes Dränagerohr, mit dem das Wasser aus
dem Becken zu einer geeigneten Stelle
geleitet wird, und versehen Sie das Becken mit einem herausnehmbaren Sieb-
rost, sodass Sie es ohne Probleme von
Schlamm und Fremdkörpern reinigen
können.

Abbildung 5 **Auffangbecken verbessern die Dränage in Senken.**

Sickerschacht

Wenn Sie für das durch ein Dränagerohr
oder einen Graben abgeführte Wasser
keine geeignete Ablaufstelle haben, können Sie einen Sickerschacht graben. Das
ist eine mit Kies gefüllte Grube von ca.
90 cm Tiefe und zwischen 60 cm und
1,80 m Breite, die mit Spezialgewebe und
danach mit einer Schicht Kies oder Mutterboden und Rasensoden abgedeckt wird
(s. Abb. 6, S. 38).

Abbildung 6 **Dränagerohre können in einem Sickerschacht enden.**

Abbildung 7 **Dreiecksmethode für rechtwinklige Ecken**

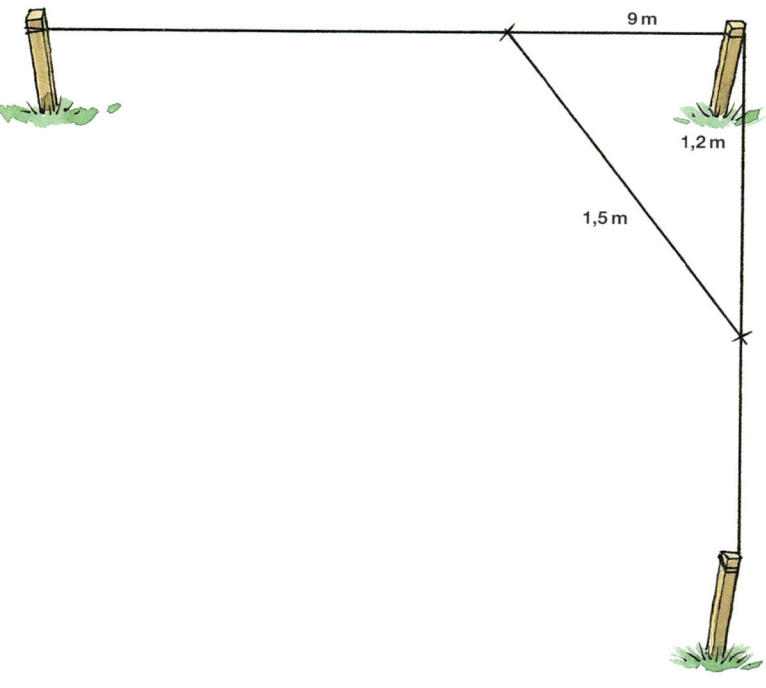

Markierung der Fläche

Wenn Sie das Gefälle Ihres Geländes geprüft und eventuelle Dränageprobleme gelöst haben, können Sie die Fläche markieren. Wenn zur Begradigung des Geländes größere Erdarbeiten notwendig sind, können Sie diese zuerst und die Markierung danach vornehmen. Wenn nicht, können Sie Ihre Fläche markieren und dem Untergrund beim Ausheben des Fundaments das notwendige Gefälle geben.

Verwenden Sie zur Markierung von Flächen mit geschwungenen Rändern Schnur oder einen Gartenschlauch. Wenn Ihre Fläche gerade Ränder hat, messen Sie den exakten Standort mit dem Bandmaß aus und markieren den Umriss mit Pflöcken und Schnur oder mit Markierungsfähnchen. Wenn Sie einen Betonfußboden gießen wollen, für den Sie eine Holzverschalung brauchen, müssen Sie die Umrissmarkierung um einige Zentimeter nach außen versetzen. Ob die Ecken rechtwinklig sind, lässt sich mit ein bisschen einfacher Geometrie feststellen, der sog. Dreiecksmethode. Messen Sie auf einem Schenkel des von der Ecke gebildeten Dreiecks 90 cm ab und markieren Sie diesen Punkt. Messen Sie dann auf dem anderen Schenkel 1,20 m ab und markieren Sie diesen Punkt ebenfalls.

Die Diagonale zwischen den beiden Punkten misst 1,50 m, wenn die Ecke rechtwinklig ist (s. Abb. 7).

Wenn Sie eine Kreisfläche markieren wollen, können Sie eine entsprechend lange Schnur mit einem Pflock als Zirkel benutzen. Markieren Sie die Kreislinie mit Pflöcken im Abstand von ca. 30 cm.

Benutzen Sie nach dem Abstecken der Fläche die Schnur oder den Schlauch als Richtschnur und markieren Sie die Umrisse am Boden mit Kreidepulver, Kalk, Sand oder Markierungsfarbe. Den markierten Linien können Sie leicht folgen, wenn Sie mit dem Ausheben des Fundaments beginnen.

Foto 2 **Markierung des Umrisses mit Farbe**

Vorbereitung des Unterbaus

Ein stabiler, gut ausgeführter Unterbau ist entscheidend für eine gepflasterte Fläche, die robust und fest sein soll. Er verhindert, dass das Pflaster reißt oder absackt, und sorgt für eine gute Dränage der Fläche. Es geht also nicht ohne Unterbau, unabhängig davon, ob Sie eine Steinterrasse, eine Klinkerfläche für den Picknicktisch oder welche Art von Boden auch immer herstellen wollen. Der erste Schritt ist immer derselbe: Innerhalb der Markierungen wird eine Grube ausgehoben, die danach mit den für einen der drei Unterbau-Typen notwendigen Materialien gefüllt wird.

Pflanzen einbeziehen und umsetzen

Es ist sehr wahrscheinlich, dass Sie beim Beräumen, Einebnen und Begradigen des Standortes Ihrer befestigten Fläche auf Pflanzen, vielleicht sogar einen Baum oder zwei, stoßen. Natürlich ist es am besten für die Pflanzen, am einfachsten für Sie und am interessantesten vom gestalterischen Standpunkt her, wenn sie stehen bleiben können und in das Projekt einbezogen werden. Verlegen Sie die Terrasse doch um die große Eiche herum, da haben Sie immer ein schattiges Plätzchen und einen wunderbaren Blickfang obendrein. Achten Sie aber darauf, um den Stammansatz herum nicht zu tief zu graben, da die meisten Wurzeln direkt unter der Erdoberfläche verlaufen (im Allgemeinen erstrecken sich die Wurzeln bis zur so genannten Tropflinie, d. h. nehmen die gesamte Fläche unter der Krone ein).

Wenn Sie doch eine Pflanze oder einen Baum umsetzen müssen, um Platz für Ihre Bodenfläche zu schaffen, sollten Sie den neuen Standort rechtzeitig vorbereiten. Sie können auch erst an einen provisorischen und später an den endgültigen Standort umsetzen. Die beste Zeit für das Umsetzen von Bäumen und Sträuchern sind Frühjahr und Herbst; am besten sind die Bedingungen an bewölkten Tagen oder spät am Nachmittag oder Abend. Zum Auspflanzen einer Staude, eines Strauchs oder eines kleinen Baumes stechen Sie zunächst die Wurzeln mit einem scharfen Spaten kreisförmig ab. Schieben Sie den Spaten dann unter die Pflanze und lösen Sie die unteren Wurzeln und die sie umgebende Erde ab. Heben Sie die Pflanze heraus, fassen Sie dazu unter den Wurzelballen. Wenn Sie am Stamm anfassen, können die Wurzeln durch das Gewicht der Erde beschädigt werden. Setzen Sie die Pflanze in das vorbereitete Pflanzloch am neuen Standort und wässern Sie reichlich. Wenn Sie einen großen Baum umsetzen wollen, sollten Sie einen Fachbetrieb zurate ziehen.

Erdaushub

Wenn Sie schon einmal mit einer Schaufel Erde bewegt haben, verfügen Sie über die für diesen Arbeitsschritt notwendige Erfahrung. Das Ziel ist das Ausheben einer Grube, die tief genug ist, um das Unterbau- und Pflastermaterial aufzunehmen. Die Tiefe variiert von Fläche zu Fläche, abhängig ist sie von Art und Menge der Unterbaumaterialien, die Sie einsetzen (einige Standard-„Rezepte" folgen), der Dicke des Pflasters und davon, wie weit Sie die befestigte Fläche über den sie umgebenden Boden herausragen lassen wollen (normalerweise zwischen 1 und 2,5 cm; wenn die Fläche unmittelbar vor einer Tür endet, sollte die Oberfläche ca. 2,5 cm unterhalb der Türschwelle liegen). Die meisten Vorhaben machen eine zwischen 15 und 25 cm tiefe Grube notwendig.

Tragen Sie eventuell vorhandenen Rasen sodenweise ab und graben Sie dann zunächst mit einer eckigen Schaufel. Wenn Sie auf stärker verdichteten Boden stoßen, sollten Sie auf Breithacke oder Haue umsteigen, um die Erde zu lockern, im Boden befindliche Steine zu entfernen oder kleine Wurzeln zu durchtrennen (Fotos 3 und 4). Füllen Sie die ausgehobene Erde in eine Schubkarre und transportieren Sie sie zu einer nahe gelegenen Ablagestelle. Das erweist sich dann als günstig, wenn Sie später wieder Erde brauchen, um die Ränder Ihrer Fläche anzufüllen oder den Untergrund auszugleichen. Wenn Sie eine Einfassung planen, sollten Sie dafür einen Graben um die gesamte Fläche herum graben (Foto 5) (s. Setzen von Einfassungen, S. 46). Zur Bestimmung der Tiefe des Grabens messen Sie die Höhe Ihrer Einfassungselemente und ziehen Sie davon

Foto 3 **Senkrechtes Einstechen der eckigen Schaufel**

Foto 4 **Lockern des Bodens mit der Breithacke**

Foto 5 **Ausheben eines Grabens für die Einfassung**

Foto 6 **Überprüfung des Gefälles des Untergrundes**

Foto 7 **Verdichten des Bodens**

das Maß ab, um das die Elemente aus dem Boden herausragen sollen.

Wenn Sie dann so weit sind, dass Sie den Untergrund glätten und einebnen können, müssen Sie unbedingt eine Wasserwaage benutzen um das Gefälle zu prüfen (Foto 6). Nehmen Sie notwendige Anpassungen vor, um das auf S. 33 beschriebene Standardgefälle von zwei Prozent zu erreichen. Zum Schluss müssen Sie den Boden feststampfen und verdichten. Ein schlecht verdichteter Untergrund kann dazu führen, dass das Pflaster stellenweise absackt oder uneben ist. Für eine große Fläche können Sie einen Motor-Rüttler mieten, für die meisten gängigen Vorhaben reicht ein Handstampfer aber aus. In vielen Fällen leistet auch ein Paar Füße schon gute Stampf-Dienste (tragen Sie aber unbedingt feste Arbeitsschuhe statt Sportschuhe, wenn Sie Erde stampfen).

Das Einbringen von Unterbaumaterial

Variante 1: Flexibler Unterbau aus Splitt und Sand

Ein flexibler Unterbau aus Splitt und Sand ist die häufigste Variante für Pflasterarbeiten am Haus oder im Garten. Er ist haltbar, aber beweglich genug, um Frostverwerfungen zu widerstehen, und bietet eine stabile Basis für sowohl trocken als auch mit Mörtelfugen verlegte Pflastersteine.

■ Beginnen Sie mit der Tragschicht aus grobem, wasserdurchlässigen Material, etwa Splitt oder Grobkies. Verwenden Sie eine gute Mischung aus gewaschenen Steinen von maximal 20 mm Korngröße. In den meisten Fällen reicht es, wenn diese Schicht zwischen 5 und 10 cm dick ist. Wenn der Boden eine schlechte Dränage hat, sollten Sie die Dicke der Schicht um 5 cm erhöhen. Legen Sie eine Einfahrt oder eine andere Fläche für Fahrzeuge an, sollte die Schichtdicke zwischen 15 und 25 cm betragen. Wenn Sie einen extra-stabilen Unterbau wollen und einen Steinbruch oder Baustoff-Recyclingbetrieb in der Nähe haben, können Sie sich nach speziellen Mineralstoff- oder Brechkorngemischen erkundigen, die im Straßen- und Wegebau eingesetzt werden. Setzen Sie dieses Material aber nur dann ein, wenn Sie einen Boden mit guter Dränage haben, denn die unterschiedlichen Korngrößen führen zu einer sehr stark verdichteten Schicht, die nur wenig Wasser versickern lässt. Verteilen und glätten Sie die erste Schicht Unterbaumaterial mit Schaufel und Rechen. Achten Sie dabei darauf, ein Gefälle von zwei Prozent einzuhalten (Fotos 8 bis 10).

■ Wenn Sie dem Unkrautwachstum vorbeugen wollen, können Sie beschichtetes Geotextilvlies auf die Splittschicht und in

Foto 8 **Ausbringen der ersten Unterbauschicht: Splitt**

Foto 9 **Verteilen und Glätten des Splitts**

Foto 10 **Messen der Tiefe der ersten Unterbauschicht**

die Einfassungsgräben legen. Das Vlies verhindert auch, dass der Sand, der als nächste Schicht eingebracht wird, zwischen den Splitt rieselt. Legen Sie die Gewebebahnen überlappend aus und schneiden Sie im Abstand von 30 cm ca. 2,5 cm große Löcher hinein, damit eine gute Dränage gewährleistet ist.

■ Setzen Sie Ihre Einfassungselemente (Foto 11). (s. Setzen von Einfassungen, S. 46).

■ Bringen Sie dann eine 3 bis 5 cm dicke Schicht aus Grobbetonsand aus. Diese Schicht bildet die Bettung für Ihr Pflastermaterial. Falls Sie eine Quelle für Fluss-Sand haben, können Sie diesen für diese Schicht auch gut verwenden. Greifen Sie jedoch nicht auf feinen Maurersand oder den Quarzsand, den es in Baumärkten in Säcken zu kaufen gibt, zurück. Feinerer Sand wird benötigt, wenn später Fugen zwischen den Pflastersteinen gefüllt werden müssen. Auch Gesteinsmehl, das

Foto 11 **Setzen und Ausgleichen der Einfassungselemente**

mancherorts in Steinbrüchen erhältlich ist, eignet sich gut als Bettung. Verlassen Sie sich keinesfalls nur auf diese letzte Schicht, was Ebenheit und Gefälle des Unterbaus betrifft. Stellen Sie vielmehr

Mengenberechnung für Unterbaumaterial

Sie können den für den Unterbau Ihrer Bodenfläche benötigten Splitt und Sand im Baustoff- oder Straßenbaumaterialhandel bekommen. Meist wird kubikmeter- oder tonnenweise verkauft. Natürlich ist Ihnen Ihr Fachhändler bei der Mengenberechnung gern behilflich. Wenn Sie aber vorher selbst eine Schätzung vornehmen wollen, können Sie die folgende Formel verwenden.

1 Multiplizieren Sie die Länge Ihrer Fläche mit der Breite, um den Flächeninhalt zu berechnen. (Bei einer Kreisfläche erhalten Sie den Flächeninhalt, indem Sie den Radius ins Quadrat setzen und das Ergebnis mit 3,14 multiplizieren.)

2 Multiplizieren Sie den Flächeninhalt Ihres Bodens mit der Dicke der jeweiligen Schicht (Splitt bzw. Sand). Rechnen Sie die Schichtdicke vorher von Zentimetern in Meter um. Das Ergebnis ist die benötigte Menge in Kubikmetern.

Beispiel: Sie wollen eine 4×4 Meter große Terrasse bauen und den Unterbau mit einer Splittschicht von acht Zentimetern versehen. Sie berechnen zunächst den Flächeninhalt (4×4 Meter = 16 Quadratmeter) und multiplizieren diesen mit 8 Zentimetern (= 0,08 Meter). Das ergibt 1,28 Kubikmeter.

Zu diesem Ergebnis müssen Sie noch einiges dazugeben. Man rechnet in der Regel ungefähr 10 Prozent mehr loses Unterbaumaterial, als das Volumen des verdichteten Materials am Ende betragen soll. Damit wird der Verdichtung und jeglichem Setzen des Materials Rechnung getragen.

Foto 12 Aufbringen des Sandbetts auf die Splittschicht

Foto 13 Glätten des Sandbetts mit dem Rechen

Foto 14 Überprüfung der Ebenheit des Sandbetts

sicher, dass der Untergrund vor dem Ausbringen des Sandes eben und entsprechend geneigt ist (Foto 12).

■ Glätten Sie das Sandbett mit dem Rechen. Sie können es auch mit Wasser besprühen, um es leicht zu verdichten. Dann glätten und ebnen Sie es ein (Fotos 13 und 14). Wenn Sie dicke, schwere Pflastersteine im Sandbett verlegen wollen, reicht es aus, wenn Sie einfach die gerade Seite des Rechens über den Sand ziehen. Wollen Sie das Sandbett jedoch für Ziegel, Fliesen oder ein anderes Material vorbereiten, das mehr Präzision und einen besonders ebenen Unterbau erfordert, sollten Sie eine Abziehlatte über die Oberfläche ziehen (Abb. 8). Bei Flächen, die so groß sind, dass die ausgeschnittenen Enden der Latte nicht über die Einfassungselemente gezogen werden können, sind provisorische Kanten aus Brettern oder langen, dünnen Metallrohren, die Sie im Verlauf der Arbeiten verschieben können, eine gute Lösung, um die gesamte Oberfläche gut zu glätten.

Abb. 9 zeigt den Querschnitt eines flexiblen Unterbaus aus Splitt und Sand.

Variante 2: Flexibler Unterbau nur aus Sand

Für kleinere Flächen an Stellen mit guter Dränage und gut abgesetztem Boden können Sie das Rezept für den Unterbau aus Splitt und Sand abwandeln und für den Unterbau nur Sand verwenden. Die Splittschicht entfällt. Diese abgespeckte Variante ist leichter und billiger herzustellen, allerdings auch weniger stabil. Am besten eignet sie sich für Flächen, die nicht häufig begangen werden – vielleicht eine kleine Stellfläche für eine Vogeltränke oder etwas in dieser Art. Für eine Fläche, die von Autos befahren wird, ist ein Unterbau nur aus Sand in jedem Falle tabu.

■ Wenn Sie sich für diese Variante entscheiden, verlegen Sie das beschichtete Geotextilvlies direkt auf dem Boden der Grube.

■ Bringen Sie eine 5 bis 10 cm dicke Schicht Sand oder Gesteinsmehl aus.

■ Setzen Sie die Einfassungselemente, wenn Sie welche verwenden.

■ Glätten Sie das Sandbett mit dem Rechen und besprühen Sie es mit Wasser, um es leicht zu verdichten. Glätten Sie es danach mit der geraden Seite des Rechens oder mit der Abziehlatte, wie oben für Variante 1 beschrieben.

Abb. 10 zeigt den Querschnitt eines flexiblen Unterbaus nur aus Sand.

Abbildung 8 **Mit der Abziehlatte wird das Sandbett besonders glatt und eben.**

Variante 3: Betonunterbau

Für einen äußerst dauerhaften und absolut ebenen Boden ist eine Betonplatte die unschlagbare Variante der Wahl. Sie senkt sich nicht, verrutscht nicht und bildet einen schön ebenen Untergrund für Ihre Pflastersteine, ob sie nun trocken oder mit Mörtelfugen verlegt werden. Diese Art des Unterbaus ist aber etwas arbeitsintensiver. Die Vorgehensweise ist identisch mit der beim Herstellen eines Gießbetonbodens, allerdings brauchen Sie hier der Optik der Oberfläche keinerlei Au-
(Fortsetzung S. 47)

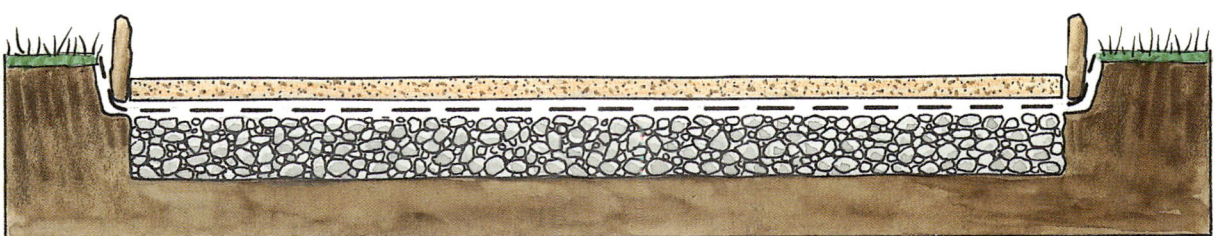

Abbildung 9 **Querschnitt eines Unterbaus aus Splitt und Sand**

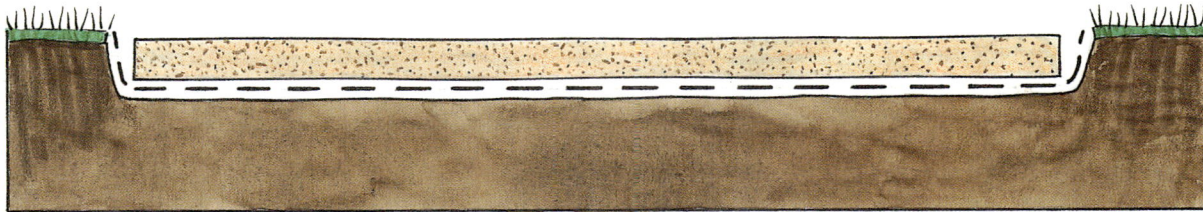

Abbildung 10 **Querschnitt eines Unterbaus nur aus Sand**

sung um das Fundament herum so tief aus, dass die Oberfläche des Einfassungsmaterials mit einer benachbarten Rasenfläche abschließt (das erleichtert das Mähen) oder leicht aus dem Boden herausragt. Schütten Sie im Graben ein ca. drei Zentimeter dickes Sandbett auf und setzen Sie die Einfassung vor Beginn der Pflasterarbeiten. Richten Sie die Elemente aus, indem Sie darunter Sand zugeben oder wegnehmen. Rütteln Sie die Einfassungselemente mit dem Gummihammer ein und füllen Sie rundum Erde auf, bis alles fest sitzt. Für eine extra-stabile Einfassung können Sie das Sandbett am Grabenboden durch eine acht bis zehn Zentimeter dicke Schicht erdfeuchten Mörtel ersetzen.

■ Moderne Reproduktionen traditioneller Einfassungselemente aus Lehm in speziellen Formen geben Ihrer Fläche einen besonders dekorativen Rahmen. Sie werden genauso gesetzt wie Ziegel.

■ Einen schönen Kontrast zu den meisten Pflastermaterialien bilden Einfassungen aus druckimprägniertem Holz. Die Elemente, z. B. 10 cm breite und 5 cm dicke Bretter, können so gesetzt werden, dass sie mit der umgebenden Bodenfläche abschließen. Das Sandbett ist hier nicht nötig, die Bretter können direkt auf den Grabenboden gesetzt werden. Achten Sie darauf, dass der Graben so breit ist, dass er auch die Pflöcke aufnehmen kann, mit denen die Bretter an ihrem Platz gehalten werden. Setzen Sie die quadratischen Pflöcke im Abstand von ca. einem Meter so, dass sie sich einige Zentimeter unterhalb der Erdoberfläche befinden, und füllen Sie mit Erde auf um sie abzudecken. Eine weitere Möglichkeit sind quadratische Balken (ca. 10 × 10 cm). Legen Sie diese in den Einfassungsgraben und bohren Sie im Abstand von ca. einem Meter Löcher von 1,5 cm Durchmesser hinein. Treiben Sie durch diese Löcher 60 cm lange Moniereisen in den Untergrund; damit wird die Einfassung an ihrem Platz gehalten (achten Sie darauf, dass das Ende der Stäbe mit dem Holz abschließt). Für eine besonders rustikale Holzeinfassung, z. B. für Kies und Steinböden, eignet sich ungesägtes Stammholz. Es ist so schwer, dass man es einfach auf gut verdichteten Boden legen kann.

■ Wenn Sie die Stabilität einer Einfassung benötigen, sie aber nicht sichtbar werden lassen wollen, können Sie auf vorgeformte Metall- oder Kunststoffelemente zurückgreifen, die in den Boden eingelassen werden und unsichtbar bleiben. Diese Einfassungselemente werden als Einzige erst nach dem Verlegen des Pflasters gesetzt. Details finden Sie auf S. 115.

Setzen von Einfassungen

In manchen Fällen müssen Sie eine Einfassung setzen, um Ihre befestigte Fläche zusammenzuhalten (um z. B. die Kiesel innerhalb der Umrandung zu halten oder die auf Sand verlegten Ziegel am Verrutschen zu hindern). In anderen Fällen besteht die wichtigste Funktion der Einfassung darin, die optische Wirkung der Fläche zu erhöhen (oft wirken gepflasterte Flächen durch eine Einfassung vollständiger und homogener).

In jedem Falle gibt es zahlreiche Möglichkeiten.

■ Viele Pflastermaterialien, darunter Ziegel, Fliesen, Steine und kleine Betonsteine, eignen sich gleichermaßen gut für Einfassungen. Sie bieten auch die unterschiedlichsten Gestaltungsmöglichkeiten; die meisten können hochkant, nebeneinander oder schräg gestellt werden und kleinere Pflastersteine eignen sich gut für gebogene Begrenzungslinien. Heben Sie den Graben für die Einfas-

genmerk zu schenken, da Sie die Betonplatte ohnehin mit Sand bzw. Mörtel und
Ihrem Pflastermaterial bedecken. Die
Schritt-für-Schritt-Anleitung finden Sie
auf S. 124.

Das Verlegen des Pflasters

Auch für das Verlegen des Pflasters gibt es
drei grundlegende Varianten. Für alle drei
gilt, dass es je nach Material gewisse Be-
sonderheiten zu beachten geben kann.
Im Folgenden gibt es die grundlegenden
Informationen zu den drei Varianten,
detailliertere Angaben können Sie dann
in den Kapiteln zu den einzelnen Materialien finden.

Variante 1: Trockenverlegung

Bei dieser einfachsten Verlegetechnik
legen Sie die Pflastersteine direkt in das
Sandbett des Unterbaus, fegen zusätzlichen Sand in die Fugen zwischen den
Steinen ein und (trotz der Bezeichnung
für die Technik) schlämmen das Ganze
mit Wasser ein, damit sich der Sand in
den Fugen setzt und überschüssiger Sand
weggespült wird. Diesen Vorgang müssen
Sie so lange wiederholen, bis der Sand
gut verdichtet ist und die Pflastersteine
festen Halt haben (Fotos 15 bis 18).

Trockenverlegung ist sowohl auf einem
flexiblen Unterbau als auch auf einer Betonplatte möglich. Letztere muss dazu
mit einer ca. 3 cm dicken Sandschicht
versehen werden. Keine Alternative zur
Trockenverlegung gibt es, wenn Sie die
Fugen zwischen den Pflastersteinen bepflanzen wollen. In diesem Fall fegen Sie
statt Sand einfach Mutterboden in die
Fugen ein.

Foto 15 **Beim Trockenverlegen wird das Sandbett unter den einzelnen Pflastersteinen nach Bedarf angepasst.**

Foto 16 **Überprüfung der Neigung des Pflasters**

Foto 17 **Einfegen von Sand in die Fugen**

Foto 18 **Besprühen des Bodens
verdichtet den Sand.**

Variante 2: Verlegung auf flexiblem Unterbau mit Mörtelfugen

Die Verlegung auf flexiblem Unterbau mit Mörtelfugen führt zu einem gleichmäßigeren Erscheinungsbild und ein wenig mehr Stabilität (achten Sie darauf, dass Sie einen flexiblen Unterbau mit Splitt – Schichtdicke mindestens 10 cm – wählen, da dieser hilft, das Reißen des Mörtels zu verhindern). Die Vorgehensweise entspricht im Grundsatz der beim Trockenverlegen, bis auf das Fugenmaterial. Statt Sand fegen Sie Trockenmörtelmix in die Fugen zwischen den Pflastersteinen ein. Wenn die Mischung gleichmäßig verteilt ist, besprühen Sie die Fläche mit Wasser, um den Mörtel zu befeuchten. Warten Sie ca. 15 Minuten und besprühen Sie das Pflaster erneut. Wenn der Boden trocken und der Mörtel erhärtet ist, sollten Sie noch einmal sprühen, um sicherzugehen, dass alle Steine fest verankert sind. Es bleibt anzumerken, dass diese Methode viel unkomplizierter ist als die Herstellung einer Betonplatte und darauf die Verlegung von Pflastersteinen im Mörtelbett, dass die Böden aber auch nicht so haltbar sind. Es ist durchaus möglich, dass der Mörtel in den Fugen irgendwann reißt.

Für einen herkömmlichen Trockenmörtelmix vermengen Sie drei Teile sauberen, feinen Sand mit einem Teil Zement.

Variante 3: Verlegung in Kleber oder Mörtel auf Betonunterbau

Wenn Sie für eine besonders stabile Bodenfläche eine Betonplatte gegossen haben oder eine unansehnlich gewordene Betonfläche neu gestalten wollen, gehen Sie für diese Art der Verlegung folgendermaßen vor.

1 Eine schon vorhandene Betonfläche sollten Sie zuerst mit einem handels-

Abbildung 11 **Auftragen von Fliesenkleber auf Beton**

üblichen Betonreiniger oder einer Mischung aus einem Teil Trinatriumphosphat und fünf Teilen Wasser reinigen. Scheuern Sie den Beton mit einer harten Bürste oder einem Schrubber, spülen Sie ihn ab und lassen Sie ihn trocknen.

2 Zum Verlegen flacher Elemente, z. B. Fliesen, ziehen Sie auf die Betonoberfläche mit der Kelle eine dünne Schicht Klebemörtel oder Fliesenkleber für den Außenbereich auf (Abb. 11). Gehen Sie dabei unbedingt abschnittsweise vor (Abschnittsgröße maximal 3 × 3 m).

Wenn Sie schwerere Pflastersteine verlegen, tragen Sie mit der Maurerkelle eine 1 – 2 cm dicke Mörtelschicht auf die Betonoberfläche auf. Gehen Sie auch hier wieder abschnittsweise vor (Abb. 12). Sie können Fertigmörtel verwenden (der als Trockenmischung in Säcken mit Anweisungen zur Wasserzugabe verkauft wird). Sie können den Mörtel auch selbst mischen, z. B. in einer stabilen Schubkarre. Vermengen Sie einen Teil Zement und drei Teile feinen Sand mit einer Schaufel oder einer Hacke. Es empfiehlt sich, zunächst die Hälfte des Sandes in den Mischbehälter zu geben, dann den Zement und dann die andere Hälfte des Sandes. Fügen Sie dann Wasser hinzu (ca. 8 bis 9 Liter pro Sack Zement) und mischen Sie, bis die Masse die Konsistenz weichen Schlamms hat. Glätten Sie den Mörtel nach dem Auftragen mit der Abziehlatte.

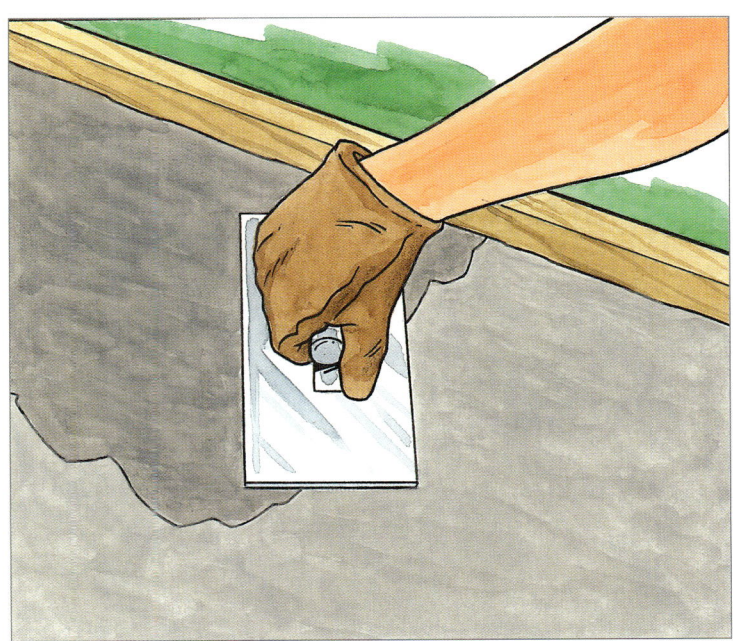

Abbildung 12 **Auftragen von Mörtel auf Beton**

3 Verlegen Sie die Pflasterelemente auf dem Kleber bzw. Mörtel (Abb. 13). Klopfen Sie jedes Element leicht mit dem Gummihammer fest. Lassen Sie die Fläche über Nacht trocknen. Wenn Sie Ziegel, Fliesen oder Werkstein in einem präzisen Muster verlegen, können Sie Abstandhalter verwenden, um gleichmäßige Abstände zwischen den einzelnen Elementen zu gewährleisten. Sie können sich z. B. selbst Sperrholzbrettchen zurechtsägen, die zwischen die Ziegel gesteckt und vor dem Verfugen entfernt werden. Für Fliesen oder Werkstein können Sie handelsübliche Fugenkreuze aus Kunststoff verwenden, die an den Ecken der einzelnen Elemente platziert werden. In den meisten Fällen können Sie den Fugenmörtel (Schritt 4) direkt auf diese Plastikkreuze geben.

Abbildung 13 **Verlegen von Pflaster in Kleber oder Mörtel**

Ausrichtung von Pflastersteinen

Wenn Ihre Pflastersteine ein präzises Muster bilden sollen, müssen Sie eine Richtschnur haben, die krumme Reihen verhindert. Spannen Sie dazu am Rand Ihrer Fläche eine Schnur, die sich in der Waage befindet, und richten Sie die Pflastersteine daran aus.

Abbildung 14 **Ausfüllen der Fugen mit Mörtel**

Abbildung 15 **Verdichten und Glätten der Fugen zum Abschluss**

4 Auch für das Verfugen können Sie wiederum Fertigmörtel oder selbst hergestellten Mörtel verwenden. Mischen Sie für Letzteren einen Teil Zement und drei Teile Mörtelsand. Sie können auch Mörtelfarbe dazugeben (im Fachhandel in Pulverform erhältlich), um den Mörtel so einzufärben, dass er die Pflastersteine entweder optimal ergänzt oder einen schönen Kontrast bildet. Fügen Sie Wasser hinzu, bis die Mischung streichfähig ist. Füllen Sie den Mörtel mit der Kelle (am besten einer kleinen, spitz zulaufenden Fugenkelle) oder einem Mörtelbeutel in die Fugen der Bodenfläche (Abb. 14). Entfernen Sie verspritzten Mörtel sofort mit einem feuchten Schwamm von den Pflastersteinen. Wenn der Mörtel zu erhärten beginnt (das ist dann der Fall, wenn ein Fingerabdruck nicht mehr verläuft), ziehen Sie eine Fugenkelle oder ein anderes geeignetes Werkzeug (z. B. ein dünnes Rohr) über die Fugen, um den Mörtel zu verdichten und die Oberfläche zu glätten.

Bepflanzen der Zwischenräume

Bepflanzte Fugen, Spalten und andere Zwischenräume der Bodenfläche sind eine wunderschöne Art und Weise, strenge Linien zu verwischen, den Boden besser in die Umgebung einzubinden und den eigentlichen Garten auszudehnen.

Pflanzschritte

■ Füllen Sie die Zwischenräume, die Sie bepflanzen wollen, mit einem Gemisch aus gleichen Teilen Sand und Mutterboden (dazu etwas Kompost als Nährstofflieferant).

■ Setzen Sie Sämlinge in das Substrat oder säen Sie direkt aus.

■ Wässern Sie den Samen bzw. die ausgepflanzten Sämlinge gut. Schirmen Sie Sämlinge für einige Tage gegen die Sonne ab.

■ Mulchen Sie die Jungpflanzen einige Wochen lang mit Tannennadeln oder geschreddertem Laubholzmulch, bis sie gut angewachsen sind.

Gestaltungstipps

■ Wenn Ihre gepflasterte Fläche recht groß ist und leicht langweilig erscheinen kann, können Sie an einigen Stellen Lücken im Pflaster schaffen (durch Herausnehmen von Steinen oder Aufbrechen kleiner Abschnitte), diese mit einem Erde-Sand-Gemisch füllen und Pflanzen einsetzen oder Samen ausbringen.

■ Verwenden Sie strategisch gut platzierte Pflanzen, um das Erscheinungsbild einer Bodenfläche aufzulockern, die strenger wirkt, als Sie es gern hätten, oder um mit Farbe und Textur wunderschöne Kontrastakzente zu setzen.

■ Geringe Abstände helfen den Pflanzen in den Zwischenräumen, diese schneller auszufüllen. Außerdem hat das Unkraut dadurch weniger Gelegenheit, sich auszubreiten.

Im Verlauf des Buches finden Sie weitere Abschnitte zum Bepflanzen der Zwischenräume, in denen Pflanzen genannt werden, die für bestimmte Standortbedingungen besonders gut geeignet sind.

Ziegel

Ziegel sind sicher eines der Pflastermaterialien mit dem größten emotionalen Wert. Ob uns die von der Sonne erwärmte Oberfläche dieser altvertrauten Tonsteine nun an eine italienische Piazza, einen Universitätscampus oder den Hof der geliebten Großeltern erinnert, Ziegel wecken bei uns positive Assoziationen. Wir verbinden damit etwas Angenehmes, etwas auf schöne Art Altmodisches, das die Zeitläufte überdauert. Glücklicherweise gibt es Pflasterziegel in einer solch breiten Palette an Farben, Texturen und Oberflächen, dass sie für jeden denkbaren Zweck einsetzbar sind und jede nur vorstellbare Stimmung auslösen können.

Spezielle Werkzeuge & Zubehör

Für die Ränder Ihrer Bodenfläche müssen Sie die Ziegel u. U. zuschneiden. Das trifft vor allem bei geschwungenen Linien oder bei Verlegung der Ziegel in einem diagonal verlaufenden Muster zu. Sie können diese Schneidarbeiten mithilfe der folgenden Werkzeuge und Hilfsmittel ausführen.

■ Bleistift oder Kreide zum Anzeichnen der Schnittlinien

■ Nass-Schneidemaschine mit Diamantblatt oder Winkelschleifer (wenn viele Steine zugeschnitten werden müssen) oder Meißel (mit möglichst breiter Schneide) und Hammer (wenn es sich nur um wenige Steine handelt).

■ Schutzbrille und Gehörschutz (bei Verwendung von Elektrogeräten)

Wenn Sie einen flexiblen Unterbau mit Splitt-Tragschicht planen, können Sie einen Motor-Rüttler ausleihen, der beim Verdichten des Materials hilft und zu einer stabileren Unterlage führt.

Gestaltungs-varianten

Für die Verlegung von Ziegeln gibt es einige traditionelle Muster, die auch als Verband bezeichnet werden. Abb. 1 zeigt einige der beliebtesten und am häufigsten verwendeten Verbände. Einige erzeugen ein Gefühl von Bewegung, andere wirken viel gesetzter und formaler. Und glücklicherweise steht nirgendwo geschrieben, dass ein Muster-Mix verboten ist oder dass Sie ein Muster nicht abwandeln, anpassen oder

sogar mittendrin wechseln können. Mit dem Einsatz von zwei oder mehr Ziegelfarben oder der Kombination von Ziegeln mit anderen Pflastersteinen können Sie bestimmte Stellen des Pflasters akzentuieren oder die Fläche auflockern und interessanter wirken lassen.

Der Charakter Ihres Ziegelbodens wird jedoch nicht nur vom Muster beeinflusst, das Sie für die Verlegung wählen, sondern auch vom Abstand zwischen den einzelnen Steinen und dem Material, mit dem Sie die Fugen füllen. So können makellose neue Ziegel, die sehr

Vorhergehende Seite
Ziegel brauchen kein exaktes Muster, manchmal geht es auch ganz ohne. In dieser malerischen Teichumrandung mischen sich ganze und gebrochene Ziegel wahllos mit Feldsteinen. Und statt Mörtel macht sich Gras in den Fugen breit.

Links In geschwungenen Linien versetzt angeordnete Ziegel harmonieren mit der Feldsteinmauer im Hintergrund und den runden Stufen aus Blausandstein.

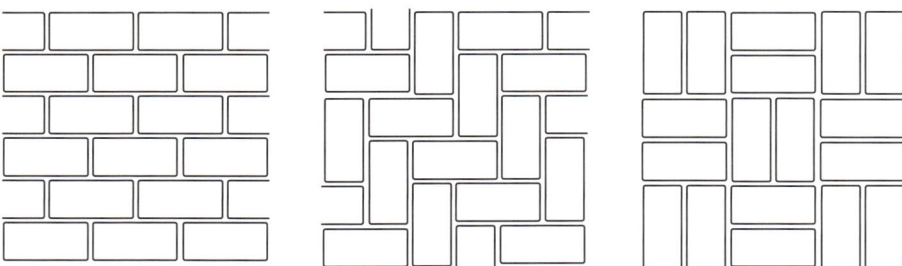

Abbildung 1 Traditionelle Muster für die Verlegung von Ziegeln (von links nach rechts): Läuferverband, Fischgrätverband und Block- oder Parkettverband.

Traditionelle Bodenflächen

In alter Zeit waren Granitsteine, Kopfsteine und Ziegel die am häufigsten verwendeten Pflastermaterialien. Pflaster aus dieser Zeit sind z. T. heute noch erhalten, wie diese Fußgängerstraße auf dem Universitätsgelände im englischen Oxford (links oben) und Straßen und Gassen in vielen Städten Europas (oben rechts) zeigen. Heute wird alten Pflastersteinen, die an ihrem ursprünglichen Standort entfernt wurden, in Gärten häufig neues Leben eingehaucht.

Die elegante Wasserbeckenumrandung aus in der Region hergestellten Ziegeln (links) befindet sich in den Generalife-Gärten im spanischen Granada. Die Gärten, die an die berühmte Alhambra angrenzen, wurden im 14. Jahrhundert angelegt.

Oben **Ziegel im traditio-nellen Fischgrätmuster**

Gegenüberliegende Seite
Dieser schöne „Insel"-Effekt wurde durch die geschickte Erweiterung eines vorhandenen Ziegel-bodens erreicht.

eng verlegt oder deren Fugen mit Mörtel in einer Kontrastfarbe gefüllt werden, z. B. eine sehr nüchtern und formal wirkende Einfahrt ergeben. In größeren Abständen verlegte verwitterte Steine mit Mutterboden und Pflanzen in den Fugen könnten dagegen einer Sitzfläche neben einem Gewächshaus den richtigen Pfiff

geben. Bei der Auswahl von Pflasterziegeln müssen Sie natürlich auch darauf achten, dass sie in Farbe und Stil möglichst gut zu schon vorhandenen Ziegelbauwerken oder -flächen passen.

Auch die Einfassungsgestaltung sollten Sie von Anfang an in Ihre Überlegungen einbeziehen. Wenn Sie Ziegel trocken auf einem flexiblen Unterbau verlegen, sollten Sie die Fläche unbedingt mit einer Einfassung versehen, um sie zu stabilisieren. Bei Verlegung im Mörtelbett auf Beton ist eine Einfassung nicht unbedingt nötig, sie kann aber als Schmuckelement trotzdem gewünscht sein. Wenn Sie Ihren Ziegelboden neben einer asphaltierten Fläche (z. B. einer Einfahrt) anlegen, ist eine Einfassung dazwischen unerlässlich. Da sich Asphalt normalerweise stärker setzt als Ziegel, kommt es ohne Begrenzung zur Entstehung einer unschönen und gefährlichen Kante.

Verlegung auf flexiblem Unterbau

Unterbau
Markieren Sie nach dem Beräumen und Einebnen des Standorts die Umrisse Ihrer Bodenfläche und legen Sie einen flexiblen Unterbau in einer der vorn (ab S. 42) beschriebenen Varianten an. Bei der Berechnung der Tiefe der auszuhebenden Grube sollten Sie berücksichtigen, dass die Pflasterziegel zwischen 1,5 und 2,5 cm aus dem umgebenden Boden herausragen; diese Erhöhung begünstigt die Dränage der Fläche. Wenn Sie eine ganz zwanglose und kleine Fläche gestalten wollen, ist der einfachere Unterbau nur aus Sand (Variante 2) u. U. ausreichend. Für die meisten Ziegelböden sollten Sie jedoch auf Variante 1 zurückgreifen, den stabileren Unterbau aus Splitt und Sand. Erhöhen Sie die Dicke der Splittschicht auf 15 bis 20 cm,

---

Tipps zum Kauf

■ Kaufen Sie Ziegel mit einem geringen Gehalt an löslichen Salzen, diese sind weniger anfällig gegen Effloreszenz. Das sind weißliche Ausblühungen auf dem Stein, die durch aus dem Ziegel oder aus der Umgebung austretende Salze verursacht werden.

■ Kaufen Sie in jedem Fall Pflasterziegel, die frostbeständig sind und auch das Auftauen gut verkraften.

■ Wenn Sie Ziegel haben möchten, die Wasser gut in den Boden ableiten, sollten Sie Steine mit rundum gefasten Kanten wählen.

wenn Sie eine Einfahrt oder eine andere Fläche, die befahren oder viel begangen wird, pflastern wollen.

Bettung

Als Bettung dient die abgezogene Sandschicht, die den obersten Teil des Unterbaus bildet.

Verlegen der Ziegel

Spannen Sie zu Beginn Richtschnüre über Ihre Fläche, die Ihnen helfen, die Musterreihen gerade und die Oberfläche des Pflasters eben zu halten (s. S. 50). Beginnen Sie dann an einer der Außenkanten mit dem mustergemäßen Verlegen der Ziegel, zunächst einen kleinen Abschnitt zwischen 1 und 1,5 Quadratmeter. Die Breite der Fugen zwischen den Steinen kann je nach Muster variieren, bei traditionellen Ziegelverbänden sollte sie jedoch zwischen 1,5 und 3 Millimeter betragen. Passen Sie bei Bedarf das Sandbett unter den Steinen an, sodass sich die Oberseiten der Ziegel in der richtigen Höhe befinden und eine ebene Fläche bilden. Überprüfen Sie das mit den gespannten Schnüren. Legen Sie nach dem Verlegen jeder Reihe ein schmales Brett auf die Ziegel und klopfen Sie leicht darauf, um Unebenheiten auszugleichen. Einzelne Steine können Sie wenn nötig mit dem Gummihammer einrütteln.

Verlegen Sie die restlichen Ziegel auf diese Weise. Knien Sie sich immer in den Sand, nie auf schon verlegte Steine. So verhindern Sie, dass Ziegel verrutschen. Und legen Sie in regelmäßigen Abständen die Wasserwaage an um sicherzugehen, dass Sie das beim Ausheben der Grube hergestellte Gefälle beim Pflastern auch einhalten.

Fugen

Verteilen Sie nach dem Verlegen aller Ziegel sauberen und trockenen Feinsand auf der Bodenfläche und fegen Sie ihn mit einem Besen in die Fugen ein. Besprühen

Sie den Boden danach mit dem Wasserschlauch, um den Sand einzuschlämmen. Wiederholen Sie das Einfegen und Beregnen so lange, bis der Sand gut verdichtet ist, die Fugen gefüllt sind und die Ziegel nicht mehr kippen oder wackeln.

Varianten

Wenn Sie Ihren Boden auf einem stabilen Unterbau mit einer mindestens zehn Zentimeter dicken Splittschicht verlegt haben, können Sie statt Sand Trockenmörtelmix in die Fugen einfegen. Verteilen Sie den Mörtel gleichmäßig in die Fugen und be-

Oben Eine einfache kreisförmige Ziegelfläche betont den Blickfang und schafft die Verbindung zum Gartenweg.

Gegenüberliegende Seite Der Boden dieser Laube besteht aus wieder verwendeten Ziegeln, die im Blockverband mit Mörtelfugen verlegt wurden.

sprühen Sie die Fläche danach mit Wasser, das vom Mörtel aufgenommen wird. Warten Sie 15 Minuten und besprühen Sie den Boden erneut. Wenn der Boden abgetrocknet und der Mörtel hart geworden ist, müssen Sie diesen Vorgang u. U. noch einmal wiederholen, um alle Ziegel endgültig zu stabilisieren. Diese Verfahrensweise ist zwar viel einfacher als die Herstellung einer Betonplatte mit anschließender Verlegung von Ziegeln im Mörtelbett, die Bodenfläche ist aber auch nicht so haltbar und der Mörtel in den Fugen kann reißen.

Schneiden und Brechen von Ziegeln

Das Schneiden von großen Mengen Ziegeln (z. B. für einen Fischgrätverband) ist eine Arbeit, die sich am besten mit einer Schneidemaschine oder einem Winkelschleifer bewerkstelligen lässt. Wenn Sie selbst keine Erfahrung im Umgang mit diesen Werkzeugen haben, sollten Sie jemanden zu Rate ziehen, der sich damit auskennt. Wenn es nur um wenige Steine geht, reichen auch Meißel und Hammer. Tragen Sie bei dieser Arbeit unbedingt eine Schutzbrille. Markieren Sie zuerst die Schnittlinie auf dem Stein. Setzen Sie den Meißel auf die Linie und kerben Sie diese durch leichte Hammerschläge ein. Schlagen Sie dann mit mehr Kraft auf den Meißel, um den Stein zu durchtrennen. Mit dem Meißel können Sie zum Schluss auch Unebenheiten an der Bruchfläche beseitigen. Zum Pflastern bestimmte Bruchstücke sollten nie kleiner sein als ein Drittel des ursprünglichen Steins, da kleinere Stücke zu leicht verrutschen.

Verlegung auf Beton

Diese Methode ist zwar arbeits- und kostenaufwändiger, die Verlegung von Ziegeln auf einer Betonplatte ergibt aber gleichmäßigere und unbestreitbar stabilere Bodenflächen.

Unterbau

Markieren Sie nach dem Beräumen und Einebnen des Standorts die Umrisse Ihrer Bodenfläche und legen Sie den Betonunterbau an (Variante 3, s. S. 47). Achten Sie auf die korrekte Ausführung der Dehnungsfugen, ansonsten kann der Beton später reißen. Glätten Sie den Beton mit einer Abziehlatte oder einem Reibebrett (die Oberfläche kann durchaus etwas an-

geraut sein) und lassen Sie ihn mindestens sieben Tage erhärten, bevor Sie die Ziegel verlegen.

Bettung

Sie können auf den Beton eine Sandschicht von 1,5 bis 2,5 cm Dicke aufbringen, den Sand mit der Abziehlatte glätten und die Ziegel dann trocken im Sand verlegen, so wie vorn beschrieben. Die maximale Stabilität bekommt Ihre Bodenfläche, wenn Sie die Ziegel im Mörtelbett verlegen. Tragen Sie dazu mit der Maurerkelle eine 1,5 bis 2 cm dicke Schicht Mörtel auf den Beton auf. Da Mörtel schnell abbindet, sollten Sie nie die gesamte Fläche auf einmal bedecken, sondern in Abschnitten vorgehen, die Sie gut bewältigen können (ca. 1 bis 1,5 Quadrat-
(Fortsetzung Seite 63)

Unten Ziegel passen sehr gut zu anderen Pflastermaterialien. Hier wurden sie mit in Beton eingelassenen Steinen kombiniert.

Gegenüberliegende Seite
Hier wurden unterschiedlich geformte Beete in das Design einbezogen, wodurch sich ein ausgesprochen homogener Gesamteindruck ergibt.

Oben Ein neun Meter langer Ziegel-Läufer, der im Garten von M. Kerr und ihrem Mann, dem Maler Robert Richenburg, zu weiteren Teppichen führt.

Mitte Peace Offering basiert auf einem traditionellen Gebetsteppich und befindet sich auf einer ruhigen Lichtung unterhalb des Ateliers von M. Kerr.

Unten Flowering Earth wurde speziell für diesen Blumengarten gestaltet.

Ziegelteppiche

Man kann nie wissen, wo das Verlegen von Ziegeln hinführt.

Die Künstlerin Margaret Kerr verbrachte einen Großteil des Sommers 1986 damit, für ihren Kräutergarten in East Hampton (US-Bundesstaat New York) breite Ziegelwege im Fischgrätverband zu entwerfen und anzulegen. Diese Arbeit ließ sie Ziegel mit ganz anderen Augen sehen: Mit ihrer Wärme, ihren subtilen Farbschattierungen und ihren unterschiedlichen Texturen waren sie doch ein ideales Material für Kunstwerke. Die Liebhaberin und Sammlerin von Orientteppichen und traditionellen Teppichen arabischer Stämme entschied sich für genau auf den jeweiligen Standort zugeschnittene Installationen, die sie Teppiche nennt.

Kerr arbeitet mit einem Maurer zusammen, der ihr die Ziegel in vielen Größen und Formen zuschneidet. Dann verlegt sie die Teile in komplizierten geometrischen Mustern. Die natürliche Variation in Farbe und Textur nutzt sie für Akzente wie Einfassungen und Ränder. Einige ihrer Arbeiten haben reale Teppiche zum Vorbild, die meisten sind jedoch fantasievolle Kreationen, die von der jahrelangen Beschäftigung mit Teppichmustern inspiriert sind und durch das Spielen mit Farben und Formen im Sand entstehen. Für manche der Installationen verlegt die Künstlerin die Ziegel an Ort und Stelle in verdichtetem Gesteinsmehl oder Sand und versieht das Ganze mit einem Betonrahmen. In anderen Fällen kreiert sie transportable Teppiche, die in einem speziell angefertigten Stahlrahmen in Sand verlegt und dann aus dem Atelier in den jeweiligen Garten gebracht und dort im Boden verankert werden.

meter). Glätten Sie den Mörtel mit der Abziehlatte. Wenn Sie besonders dünne Pflasterklinker verlegen, können Sie vor dem Mörtel noch eine Schicht Epoxidharzkleber auf den Beton auftragen. Reduzieren Sie die Dicke der Mörtelschicht in diesem Fall auf einen reichlichen Zentimeter.

Verlegen der Ziegel

Drücken Sie die Ziegel Ihrem Muster entsprechend in den Mörtel. Verwenden Sie Abstandhalter, um einen einheitlichen Abstand zwischen den Steinen zu gewährleisten (normalerweise ca. 10 Millimeter). Sie können die Ziegel entweder in das Mörtelbett setzen und die Fugen später mit Mörtel ausfüllen oder Sie können je eine Schmal- und eine Längsseite des Ziegels mit Mörtel bestreichen, bevor Sie den Stein in das Mörtelbett setzen. Rütteln Sie jeden einzelnen Stein leicht mit dem Gummihammer ein. Legen Sie nach dem Verlegen jeder Reihe ein schmales Brett auf die Ziegel und klopfen Sie leicht darauf, um Unebenheiten auszugleichen. Es empfiehlt sich, einen Eimer Wasser und ein Stück Sackleinen griffbereit zu haben. Nasses Sackleinen eignet sich hervorragend dazu, überschüssigen Mörtel zu entfernen, der auf die Ziegel gelangt ist. Verlegen Sie die restlichen Ziegel und lassen Sie den Boden dann über Nacht trocknen.

Fugen

Verwenden Sie eine spitz zulaufende Maurerkelle oder einen Mörtelbeutel, um die Fugen zwischen den Ziegeln mit Mörtel zu füllen. Wenn Sie die Steine mit Mörtel bestrichen haben, müssen Sie lediglich an nicht gänzlich gefüllten Stellen nachfüllen. Auch bei diesem Arbeitsschritt leisten Sackleinen und Wasser gute Dienste, denn es ist wichtig, die Ziegel sofort von Mörtelverunreinigungen zu befreien. Wenn der Mörtel zu erhärten beginnt (das ist

dann der Fall, wenn ein Fingerabdruck nicht mehr verläuft), ziehen Sie eine schmale, spitze Kelle oder ein anderes geeignetes Werkzeug über die Fugen, um den Mörtel zu verdichten und die Oberfläche zu glätten.

Warten Sie einen Tag, bevor Sie Ihre Bodenfläche begehen. Fegen Sie den Boden nach einer Woche mit einem Besen mit steifen Borsten, um eventuell noch vorhandene Mörtelspritzer und Staub zu entfernen.

Pflege

Bei trocken verlegtem Ziegelpflaster kann es passieren, dass einzelne Steine verrutschen oder absacken. Verwenden Sie einen Schraubendreher, um diese Steine herauszuheben, passen Sie das Sandbett darunter an (in den meisten Fällen bedeutet das, Sand nachzufüllen) und setzen Sie den Stein wieder ein. Ab und zu müssen Sie auch aus den Fugen ausgewaschenen Sand ersetzen und Unkraut jäten.

Die weißen mineralischen Ausblühungen, die auf Ziegeln die so genannte Effloreszenz verursachen, beeinflussen die Stabilität Ihrer Bodenfläche nicht, sind jedoch nicht schön anzuschauen. Wenn sie durch die natürliche Verwitterung nicht verschwinden, können Sie ihnen an einem warmen, trockenen Tag mit Wasser und Scheuertuch zu Leibe rücken. Eine Alternative zum Abwaschen ist das Abbürsten mit einer trockenen harten Bürste. Verwenden Sie im Winter einen Schneeschieber aus Kunststoff, um den Schnee von Ihrem Ziegelboden zu entfernen. Metallschieber oder -schaufeln können die Ziegel beschädigen. Tausalz greift die Farben an.

Rechts Diese Baumumrandung aus handgeformten Sussex-Ziegeln wurde in einem Bett aus Feuersteinsplitt verlegt. Aussparungen wurden mit Thymian bepflanzt.

Fliesen

Wenn Sie Ihrem Garten ein bisschen mehr Flair geben wollen, könnte ein Fliesenboden genau das Richtige sein. Farbenfrohe glasierte Fliesen beschwören Bilder von persischen Schlossanlagen herauf. Als Mosaik verlegte Fliesen lassen an traditionelle marokkanische Gärten denken. Mit ursprünglichen, von der Sonne gehärteten Terrakottafliesen können Sie eine Terrasse gestalten, die in ihrer spröden Schönheit an den warmen Süden erinnert. Ob Sie nun Wärme, Farbe, einen Hauch von Exotik, einen humorvollen Touch oder etwas ganz besonders Originelles wollen, die Chancen, Ihre Absicht mit diesem vielseitigen und kombinationsstarken Material umsetzen zu können, stehen gut.

Links Eine mit Fliesen in unterschiedlichen Größen, Formen und Farben belegte Terrasse.

Vorhergehende Seite Klassisch-zeitloser Gartenweg aus einfachen Terrakottafliesen

Spezielle Werkzeuge & Zubehör

■ Fliesenschneider oder Nass-Schneidemaschine (Es kann sein, dass Sie Fliesen zuschneiden müssen, damit sie in das Muster oder an den Rand Ihrer Fläche passen. Der Fliesenschneider eignet sich für gerade Schnittlinien. Für gebogte oder eckige Schnitte sollten Sie eine Schneidemaschine ausleihen.)

■ Zahnspachtel oder gezahnte Maurerkelle (dieses Werkzeug hat eine glatte und eine gezahnte Seite und eignet sich ausgezeichnet für die Vorbereitung eines Mörtelbetts für Fliesen).

■ Fugengummi oder Gummi-Reibebrett (zum Verteilen des Mörtels in den Fugen)

■ Motor-Rüttler (Wenn Sie einen flexiblen Unterbau mit Splitt-Tragschicht planen, können Sie dieses Gerät ausleihen, das zu einer stabileren Unterlage führt.)

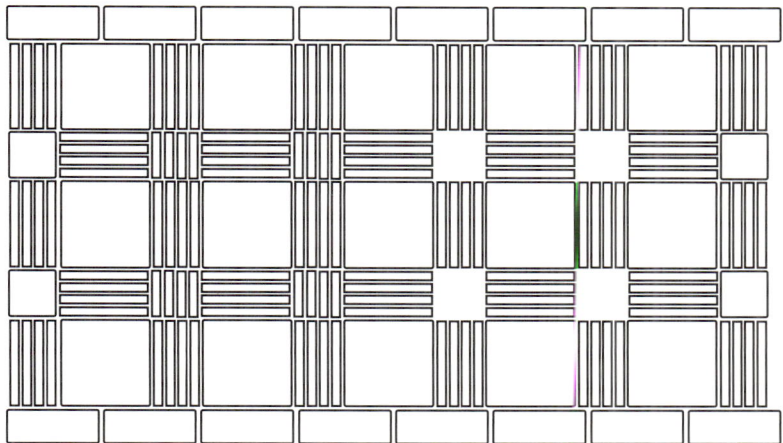

Abbildung 1 **Flach verlegte Fliesen, umrahmt von hochkant gesetzten Fliesen. Ein noch schönerer Effekt ergibt sich, wenn an den Ecken der großen kleine flach verlegte Fliesen anschließen.**

Unten **Pflaster aus Blausandsteinplatten, rechteckigen unglasierten Fliesen und quadratischen glasierten Fliesen**

Gestaltungs-varianten

Mit Fliesen lassen sich viele Effekte erzielen und oft braucht man dafür gar nicht viel Material. Sie können natürlich eine ganze Terrasse mit großen quadratischen Terrakottafliesen belegen und haben am Ende eine sehr schöne Fläche. Sie können Fliesen aber auch mit Sandsteinplatten kombinieren, verschieden zugeschnittene Stücke glasierter Fliesen in einen Betonboden einsetzen oder mit Fliesen einen kleinen Blickfang in einer mit einem anderen Material gepflasterten Bodenfläche schaffen. Da Bodenfliesen in vielen verschiedenen Größen erhältlich und relativ leicht in Form zu schneiden sind, eignen sie sich besser für kompliziertere Verlegemuster als die meisten anderen Materialien. Anregungen für wunderschöne Muster finden Sie in Büchern mit Fotos

von jahrhundertealten Fliesenböden in warmen, sonnigen Ländern rund um den Globus. Ein besonders interessantes Muster, das meist in Schiefer verlegt wird, ist die Umrahmung von flach verlegten mit hochkant gesetzten Fliesen (Abb. 1).

Welche Art Fliesen Sie wählen, hat Einfluss auf die Ausstrahlung Ihres Bodens. Maschinell hergestellte Fliesen mit ihren makellosen, einheitlichen Rändern sehen sachlicher und moderner aus, während handgeformte Fliesen, bei denen keine ganz genau der anderen gleicht, einen etwas rustikaleren Eindruck machen.

Verlegung

Unterbau

Markieren Sie nach dem Beräumen und Einebnen des Standorts die Umrisse Ihrer Bodenfläche und legen Sie die Betonplatte als Unterbau an (Variante 3, s. S. 47). Fliesen sind zu dünn für eine Verlegung auf einem flexiblen Unterbau; sie brauchen eine feste Unterlage, damit sie nicht brechen, wenn sie begangen oder durch Möbel belastet werden. Achten Sie darauf, die Betonplatte mit Dehnungsfugen zu versehen, auch das beugt dem Brechen und Reißen vor. Glätten Sie den Beton mit einer Abziehlatte oder einem Reibebrett (die Oberfläche kann durchaus etwas angeraut sein) und lassen Sie ihn mindestens sieben Tage erhärten, bevor Sie die Fliesen verlegen.

Links **Die zurückhaltenden Farbschattierungen der glasierten Steinfliesen auf dieser Terrasse harmonieren sehr gut mit den Ziegelmauern und lassen auch die vielen Blumen schön zur Geltung kommen.**

Traditionelle Bodenflächen

Zur Zeit der Mauren wurden spanische Gärten oft mit gefliesten Wegen unterteilt. Wo sich die Wege kreuzten, standen Brunnen oder Pavillons. Dieser Fliesenweg aus dem 12. Jahrhundert befindet sich in Malaga (maurisch: Alcazar). Er besteht aus Fliesen und Einsätzen aus verschiedenfarbigen Kieseln. Die Ränder sind aus Ziegel und Blausandstein.

Bettung

Ein Sandbett ist nicht stabil genug für Fliesen, sie sollten deshalb in einem Bett aus Klebemörtel verlegt werden. Feuchten Sie die Betonunterlage an und tragen Sie den Mörtel mit der glatten Seite der Kelle in einer Dicke von 5 bis 10 mm auf. Da Mörtel schnell abbindet, sollten Sie nie die gesamte Fläche auf einmal bedecken, sondern in Abschnitten vorgehen, die Sie gut bewältigen können (ca. 1,5 Quadratmeter). Kämmen Sie den Mörtel danach mit der Zahnspachtel oder der gezahnten Seite der Kelle durch. Halten Sie das Werkzeug dabei in einem Winkel von 45° zum Untergrund.

Verlegen der Fliesen

Drücken Sie die Fliesen in den durchgekämmten Klebemörtel. Verwenden Sie handelsübliche Fugenkreuze, wenn Sie einen einheitlichen Abstand zwischen den Fliesen haben wollen. Verlegen Sie die Fliesen nicht mit zu viel Druck, die Fugen sollten sich zu nicht mehr als einem Drittel ihrer Tiefe mit Mörtel füllen.

Haben Ihre Fliesen eine strukturierte Rückseite, können Sie diese vor dem Verlegen mit Mörtel bestreichen. Damit stellen Sie sicher, dass unter der Fliese keine Hohlräume bleiben, die sich später mit Wasser füllen und bei Frost zum Brechen der Fliese führen können.

Legen Sie nach dem Verlegen jeder Reihe ein schmales Brett auf und klopfen Sie über jeder Fliese leicht darauf, um Unebenheiten auszugleichen. Es empfiehlt sich, einen Eimer Wasser und einen Schwamm griffbereit zu haben, um auf die Fliesen gelangten Klebemörtel sofort abzuwischen. Verlegen Sie die restlichen Fliesen und lassen Sie den Boden drei Tage trocknen.

Schneiden von Fliesen

Mit einem Fliesenschneider, den Sie vielerorts auch ausleihen können, sind gerade Schnitte kein Problem. Legen Sie die Fliese in der entsprechenden Position ein und kerben Sie die Oberfläche mit dem Karbid-Schneidrad ein. Drücken Sie dann den Hebel des Fliesenschneiders nach unten, bis die Fliese sauber entlang der Kerbe bricht. Lassen Sie sich beraten, wenn es um kompliziertere Schnittführungen geht. Wenn viele Schneidarbeiten anstehen und Sie mit der Technik vertraut sind, können Sie auch eine Spezialsäge ausleihen.

Fugen

Die Fugenkreuze können Sie entfernen, aber auch mit Fugenmörtel zudecken. Machen Sie einen handelsüblichen Fugenmörtel entsprechend der Anweisungen des Herstellers an. Feuchten Sie die Fliesen an und verteilen Sie den Mörtel auf der Fläche. Drücken Sie den Mörtel mit dem Fugengummi oder dem Gummi-Reibebrett in die Fugen. Lassen Sie den Mörtel ca. 15 Minuten (oder so lange, wie vom Hersteller angegeben, abbinden und wischen Sie die Fliesen dann mit einem nassen Schwamm sauber. Warten Sie noch einmal ca. 40 Minuten (oder die vom Hersteller angegebene Zeit) und

Unten Hier ergeben unglasierte Fliesen, Gießbeton, Steinplatten und Zierkacheln einen wunderschönen, einladenden Gesamteindruck.

Links Für die Umrandung dieses halbrunden Hochbeetes wurden Terrakottafliesen in Quadrate und keilförmige Füllstücke geschnitten.

wischen Sie die Fliesen dann mit einem trockenen, weichen Tuch ab. Decken Sie den Boden mit Plastikfolie ab (das verhindert einen zu schnellen Wasserentzug) und lassen Sie ihn drei bis sieben Tage setzen.

Pflege

Im Mörtelbett auf Beton verlegte Fliesen sind ein stabiler Belag, der nicht viel Pflege braucht. Wenn einzelne Fliesen doch einmal brechen, müssen sie ersetzt werden.

Bepflanzen der Zwischenräume: *Moos*

Wenn Ihre Bodenfläche im Schatten liegt, ist Moos eine besonders schöne Art der Begrünung der Zwischenräume.

Moos selbst zu ziehen, ist recht schwierig. Am besten holen Sie es sich von Baustellen, aus Dränagegräben oder anderen Stellen, an denen saurer Boden verdichtet und vernachlässigt worden ist. Achten Sie darauf, dass das Moos feucht ist, wenn Sie es sammeln – am besten gehen Sie also nach einem kräftigen Regen los. Entfernen Sie an den geplanten Standorten alle anderen Pflanzen aus den Fugen und wässern Sie diese, bis der Boden schlammig ist. Drücken Sie die nochmals besprühten Moospolster in die nassen Fugen. Sie können das Moos vorsichtig in Form ziehen, sodass es genau in die Fugen passt. Füllen Sie noch offene Stellen anschließend mit Erde.

Moos hat keine Wurzeln oder Blattadern (es muss das Wasser direkt an Ort und Stelle absorbieren), Sie sollten es also vorsichtig, aber häufig, wässern, bis es angewachsen ist. Im Winter muss Moos nicht abgedeckt werden. Im Frühjahr können Sie zweimal täglich über zwei Wochen eine Mischung aus einem Teil Magermilch oder Buttermilch und sieben Teilen Wasser ausbringen, um eventuelle Winterschäden zu beseitigen und den Säuregrad des Bodens zu erhöhen.

Zierkies und Kiesel-steine

Zierkies und Kieselsteine sind das unkomplizier-teste aller Pflastermaterialien. Ihre Verwendung hat eine lange Tradition, so gab es z. B. bei den alten Griechen Kieselböden sowohl im Haus als auch im Außenbereich. Die Japaner rechten in ihren Meditationsgärten Kiesel in symbolische Muster und umgaben die Teiche in den Wassergärten mit Rundkies. Die Mauren wiederum setzten kleine Steine in Weiß und verschiedenen Grau- und Blautönen zu Mosaikfußböden mit komplizierten Mustern zusammen. Warum sollten wir diese Tradition also nicht aufgreifen? Zierkies und Kiesel sind auch heute noch für die verschiedensten Projekte geeignet, von der Bodenfläche im streng-formalen Blumengarten bis zum gemütlichen Sitzplatz im Bauerngarten.

Vorhergehende
Seite **Eine gemüt-
liche Sitzecke in
einer Gartenecke**

Links **Mexika-
nischer Strand-
kies und ein-
zelne Platten aus
Braunsandstein**

Gestaltungs-varianten

Wenn Sie eine Zierkies- oder Kieselfläche planen, besteht ein Großteil der Design-Arbeit in der Wahl des geeigneten Materials. Mit ihrem breiten Spektrum von dunkel-glänzendem Flusskies über honigfarbene Kiesel bis hin zu blendend weißen, kantigen Bruchsteinen sind Kies und Kiesel der Rohstoff für ganz unterschiedliche Stilrichtungen, von rustikal bis urban, von nostalgisch bis modern. Sie passen auch hervorragend zu anderen Pflastermaterialien und Gestaltungs-

elementen, ob Sie Ihre Kiesfläche nun um einen Baum herumlegen oder extrabreite Fugen zwischen Steinplatten mit farbigen Kieseln ausfüllen wollen. In jedem Falle empfiehlt sich für Kies und kleine Steine eine Einfassung, die das Wandern des Kiesbodens in den benachbarten Rasen verhindert. Beziehen Sie die Einfassung am besten von Anfang an in Ihre gestalterischen Überlegungen ein. Eine einfache, fast unsichtbare Metalleinfassung ist zwar funktionell, andere Materialien, wie z. B. Ziegel, Stein oder Holz, verleihen dem Ganzen aber darüber hinaus auch optische Reize.

Unten Seit Jahrhunderten werden kleine Steine für Fußbodenmosaiken und andere interessante Muster für Böden im Außenbereich verwendet. Details zum Verlegen von Kies in Beton finden Sie auf S. 132.

Verlegung

Unterbau

An einem Standort mit guter Dränage können Sie eine etwas abgewandelte Form des vorn (s. S. 42) beschriebenen flexiblen Unterbaus (Variante 1) wählen. Heben Sie die Erde etwa 8 cm tief aus und legen Sie außerdem einen Graben für die Einfassung an. Verteilen Sie eine 5 cm dicke Schicht Mineralstoff- oder Brechkorngemisch (s. S. 42) auf dem Untergrund. Dieses Material enthält viel Steinmehl und kleine Partikel und lässt sich zu einer stabilen, aber flexiblen Unterlage verdichten. Sie müssen nach dem Verdichten u. U. noch einmal Material nachfüllen, um die Schichtdicke von 5 cm zu gewährleisten. Wenn der Unterbau steht, können Sie die Einfassungselemente setzen.

Wenn die Dränage Probleme bereitet, heben Sie 18 bis 20 cm Erde aus und bringen zunächst eine 3 cm dicke Splittschicht aus. Darauf kommt ein perforiertes PVC-Dränagerohr (10 cm Durchmesser) mit den Löchern nach unten. Das Rohr wird auf eine tiefer gelegene Stelle gerichtet,

Unten Der einfache Kiesboden fügt sich unauffällig in das Ruhe ausstrahlende Gesamtbild ein.

Gegenüberliegende Seite Für diesen fantasievollen Boden wurde Flusskies im Wechsel mit Ziegeln verlegt.

Rechts Ein Kiesboden ist
ideal für ein solches Wohn-
zimmer im Freien.

wo das Wasser ablaufen kann. Umwickeln
Sie das Rohr mit Geotextilvlies, damit
sich die Löcher nicht zusetzen. Füllen Sie
abschließend weitere 15 bis 17 cm Splitt
ein und verdichten Sie den Unterbau.

Herstellung des Kiesbodens

Füllen Sie nun die verbleibenden 2 – 3 cm
mit dem Pflastermaterial. Schaufeln Sie
den Kies auf den Unterbau und verteilen
Sie ihn mit dem Rechen. Besprühen Sie
ihn mit Wasser und stampfen Sie ihn fest.
Nach dem Feststampfen sollte sich die
Kiesoberfläche ungefähr 2,5 cm unter
dem Rand des umliegenden Bodens befinden, damit die Steine nicht über die
Begrenzung Ihrer Bodenfläche hinaus-
gelangen können.

Unten Auch wenn er
nicht das hauptsäch-
lich verwendete Mate-
rial ist, macht Kies
Bodenflächen im
Garten interessanter.

Rechts Ein Kiesboden ist
ideal für ein solches Wohn-
zimmer im Freien.

Pflege

Einen Kiesboden müssen Sie ab und an rechen, damit er wieder ordentlich aussieht, und wenn es nötig ist, müssen Sie Unkraut jäten und Fremdkörper, wie z. B. von umstehenden Bäumen gefallene Blätter, absammeln. Wenn Ihre Bodenfläche nicht übermäßig strapaziert wird, kann es Jahre dauern, bis Sie neuen Kies auffüllen müssen.

Oben In einem präzise geplanten und gestalteten Garten kann Kies als Bodenbelag auch elegant und formal wirken.

Rechts Kiesböden müssen mit einer Einfassung versehen werden. Hier wurden Kopfsteine verwendet.

Unten In diesem Garten im japanischen Stil wurden Kies und Steinplatten kombiniert.

Tipps zum Kauf

Wenn Sie die Unkompliziertheit und die niedrigen Kosten einer Kiesfläche reizen, Ihre Fläche aber auch Rädern (z. B. von Kinderwagen oder Rollstuhl) ausgesetzt ist, können Sie als Alternative zum Kies Gesteinsmehl in Erwägung ziehen. Dieses Material bildet eine relativ glatte, stabile Oberfläche, die z. B. mit einem Rollstuhl befahren werden kann und auch für hochhackige Schuhe besser zu bewältigen ist. Wenn Sie Gesteinsmehl verwenden, müssen Sie sowohl den Unterbau als auch den Belag mit einem Motor-Rüttler verdichten, um die Fläche so fest wie möglich werden zu lassen. Verwenden Sie Gesteinsmehl aber nur an einem flachen oder nur ganz leicht geneigten Standort, da sich bei Regen sonst Rinnen in der Fläche bilden.

Ausgetrocknete Bachläufe eignen sich wunderbar für einen gewundenen Kies-streifen als Schmuck-element für den Garten. Hier wurden blaues Glas, Tritt-steine (links) und ver-schiedenfarbiger glatter Kies einge-setzt (unten).

Traditionelle Bodenflächen

Im 11. Jahrhundert legten buddhistische Mönche die ersten Zen-Gärten in Japan an, zu Beginn meist in Kloster- und Tempelhöfen. Die symbolische Kombination von gerechten Kiesflächen, großen Steinen und ausgesuchter Bepflanzung ist ein Gartenstil, der mittlerweile weltweit gepflegt wird. Die drei auf der rechten Seite abgebildeten Gärten, die sich alle im japanischen Kyoto befinden, stammen aus dem 17. Jahrhundert.

Oben Steinplatten und Zierkies begrenzen den Moosboden in einem Tempelgarten aus dem 16. Jahrhundert, ebenfalls in Kyoto.

Feldsteine und Bruchstein-
platten

Mit ihren hübschen Buckeln, Kerben, Unregel-mäßigkeiten und rauen Kanten können diese schlichten, bescheidenen Steine Bodenflä-chen bilden, die aussehen, als seien sie ganz langsam und natürlich gewachsen. Am besten verfügbar und am preiswer-testen (und darüber hinaus am schönsten, wenn Sie einen natürlichen Look bevorzugen) sind Steine aus der Region, sei es vom Feld oder aus dem Steinbruch. Das Spektrum reicht von regional vorkommendem Kalkstein bis zu nicht poliertem Marmor. Die dezenten, wechselnden Farbschattierungen und die charakteristischen Oberflächenstrukturen reflektie-ren den Charakter der jeweiligen Region – und verbinden Ihren Garten auf wunderbare Weise mit der Umgebung.

Spezielle Werkzeuge & Zubehör

Beim Verlegen von Feldsteinen und Bruchsteinplatten müssen Sie diese oft ein bisschen bearbeiten, um sie in die benötigte Form zu bekommen. Dafür brauchen Sie die folgenden Werkzeuge und Hilfsmittel.

■ Bleistift oder Kreide für Markierungslinien

■ Maurerhammer oder Hammer und Meißel

■ Schutzbrille

Gestaltungsvarianten

Bei Feldsteinen und Bruchsteinplatten können Sie kein exaktes Verlegemuster entwerfen, wie das z. B. bei Ziegeln möglich ist. Sie können aber im Vorfeld einige Gestaltungsentscheidungen treffen, beginnend natürlich mit der Wahl der Steine. Machen Sie sich klar, ob Sie in Größe und Form relativ einheitliche Steine wollen – etwa kleinere Feldsteine mit abgerundeten Kanten oder annähernd rechteckige große Bruchsteinplatten – oder ob Sie lieber einen zufällig wirken-

Oben Mit einer sauberen Einfassung aus Ziegeln mit Mörtelfugen können Sie Böden aus Bruchsteinplatten ein wenig formaler wirken lassen. Diese Fläche wird von einem originellen Pflanzbehälter dominiert, dessen Fuß ebenfalls bepflanzt ist.

Gegenüberliegende Seite
Der gebrochene Blausandstein passt ausgezeichnet zu der angrenzenden Trockenmauer.

Links Mit Bruchsteinplatten gepflasterte Bodenflächen harmonieren mit vielen anderen Gestaltungselementen, z. B. Gartenmöbeln und Mauern.

Unten links Diese aus mehreren Ebenen bestehende Terrasse wurde mit Bruchsteinplatten und Ziegeln in gut aufeinander abgestimmten Farbtönen gepflastert.

den Effekt haben wollen, was durch einen Mix von Steinen unterschiedlicher Größe, Form und sogar Farbe erreicht werden kann. Denken Sie auch über die Möglichkeit nach, Steine mit anderen Materialien zu verbinden. Sehr gute Kombinationspartner sind Ziegel und Kies. Auch das Fugenmaterial beeinflusst den Charakter der Fläche. Mörtel lässt das Ganze eleganter und klarer aussehen, Sand oder Erde wirken weniger formal und Pflanzen in den Fugen geben dem Boden ein sehr natürliches Aussehen, so, als sei er schon immer da gewesen. Eine Einfassung ist für die unregelmäßigen Ränder eines solchen Steinbodens nicht notwendig, sie rundet das Ganze aber optisch ab und kann deshalb als dekoratives Element gesetzt werden.

Verlegung auf flexiblem Unterbau

Unterbau

Markieren Sie nach dem Beräumen und Einebnen des Standorts die Umrisse Ihrer Bodenfläche und legen Sie einen flexiblen Unterbau in einer der vorn (ab S. 42) beschriebenen Varianten an. Wenn Sie eine eher rustikale Fläche planen, für die nur große und dicke Steine verwendet werden sollen, ist der einfachere Unterbau nur

Bepflanzen der Zwischenräume: *vollsonnig*

In dieser Liste finden Sie einige robuste, winterharte Pflanzen, mit denen Sie die Zwischenräume in Ihrer Bodenfläche bepflanzen können, wenn sich diese an einem vollsonnigen Standort befindet.

Fetthenne (*Sedum*), Zwergsorten. Niedrige, teppichbildende Pflanzen, die mit wenig Wasser auskommen. Auf einer viel begangenen Fläche sind sie jedoch fehl am Platz, am besten pflanzt man sie an die Ränder.

Frauenmantel (*Alchemilla mollis*). Graugrüne Blätter, zartgelbe Blüten im Sommer.

Rundblättrige Glockenblume (*Campanula rotundifolia*). Breite blaue Glockenblüten im Spätsommer.

Hornkraut (*Cerastium tomentosum*). Graue Blätter, weiße Blüten im Frühsommer. Benötigt Boden mit guter Dränage.

Moosphlox (*Phlox subulata*). Kriechende Stängel mit nadelähnlichen immergrünen Blättern. Blüht im Frühsommer. Farben von Weiß über Pink und Rosa bis Lavendelblau.

Fels-Sandkraut (*Arenaria montana*). Weißblühend vom späten Frühjahr bis Frühsommer. Braucht bei voller Sonne stets feuchten Boden.

Kriechendes Schleierkraut (*Gypsophilia repens*). Dolden kleiner Blüten in Rosa oder Weiß an kriechenden Stängeln.

Teppichthymian (*Thymus pseudolanguinosus* und *Thymus praecox*). Teppichthymian bildet silbergraue Matten mit lavendelfarbigen Blüten oder smaragdgrüne Matten mit weißen Blüten.

aus Sand (Variante 2) u. U. ausreichend. In manchen Fällen können solche Steine sogar direkt auf dem Boden verlegt werden. Dafür graben Sie nur die Stellen für die Steine etwas aus und lassen dazwischen Gras oder andere Pflanzen wachsen. Für die meisten Böden aus Feldsteinen oder Bruchsteinplatten sollten Sie jedoch auf Variante 1 zurückgreifen, den stabileren Unterbau aus Splitt und Sand. Wenn Sie nur keine Steine verlegen wollen, empfiehlt es sich, für einen besonders stabilen Unterbau Mineralstoff- oder Brechkorngemisch statt Splitt zu verwenden (s. S. 42) oder eine Betonplatte herzustellen (s. S. 97)

Oben Bei dieser malerischen Bodenfläche sind die Fugen breiter als üblich, was den überlieferten Regeln widerspricht. Doch schön ist es trotzdem!

Oben Ein zwangloser Garten-Teppich aus Bruch-steinplatten und Schleier-kraut.

Links Die Feldsteine bilden im Bruchsteinboden einen Dränagekanal.

Bettung

Als Bettung dient die abgezogene Sandschicht, die den obersten Teil des Unterbaus bildet.

Verlegen der Steine

Das Schöne am Verlegen unregelmäßig geformter Steine ist, dass es mehr einem Puzzle ähnelt als dem strikten Befolgen eines vorgegebenen Musters. Dieses Puzzle hat jedoch einen großen Nachteil: Die einzelnen Teile sind oft ziemlich schwer. Mit der Zeit wächst das Puzzle schneller, da Sie einen Blick dafür bekommen, welcher Stein am besten an eine bestimmte Stelle passt, während es am Anfang nicht ohne mehrfaches Ausprobieren und Hin- und Herbewegen von einzelnen Steinen geht.

Beginnen Sie an einem der äußeren Ränder der Fläche. Legen Sie dort größere Steine (wenn Ihre Steine unterschiedliche Größen haben), genauso wie vor Türschwellen oder dort, wo Wege von der Bodenfläche abgehen. Das führt zu erhöhter Stabilität. Legen Sie mehrere Steine, die Sie vorher u. U. mit dem Meißel in Form gebracht haben. Lassen Sie dazwischen einen Abstand von 0,5 bis 2 cm, wenn Sie die Zwischenräume bepflanzen wollen, kann auch mehr frei bleiben. Wenn der gelegte Abschnitt Ihren Vorstellungen entspricht, drücken Sie die einzelnen Steine in das Sandbett und rütteln sie mit dem Gummihammer ein. Wenn die Steine unterschiedlich dick sind, was vor allem bei Feldsteinen oft vorkommt, müssen Sie das Sandbett anpassen, d. h. entweder Sand entnehmen oder die Steine zusätzlich unterfüttern.

Zurichten der Steine

Oft ist es notwendig, die Steine in die benötigte Form zu schneiden oder zu brechen, damit die einzelnen Teile eines Bodens aus Bruchsteinplatten genau passen. Bei den meisten Gesteinsarten können Sie diesen Arbeitsschritt mit Maurerhammer bzw. Meißel und Hammer selbst vornehmen. Schlagen Sie kleinere Stücke einfach ab. Müssen größere Stücke abgebrochen werden, sollten Sie wie folgt vorgehen. Markieren Sie die Bruchlinie zunächst mit Kreide oder Bleistift. Setzen Sie eine Schutzbrille auf und kerben Sie die Linie mit dem Maurerhammer bzw. Meißel und Hammer ein. Legen Sie den Stein nach dem Einkerben so auf ein Stück Holz oder einen anderen Stein, dass das überschüssige Stück mit der Bruchlinie übersteht. Versetzen Sie dem überstehenden Stück einen kräftigen Schlag, sodass es an der eingekerbten Linie abbricht.

Sehr dichtes Gestein, wie z. B. Schiefer, splittert leicht, wenn es mit dem Maurerhammer oder dem Meißel bearbeitet wird. Man sollte deshalb besser auf eine wassergekühlte Steinsäge oder eine Kreissäge mit Diamantsägeblatt zurückgreifen. Wenn Sie dieses Werkzeug selbst nicht besitzen, können Sie es ausleihen. U. U. können Sie die Schneidarbeiten auch von einem Steinmetz ausführen lassen.

Verlegen Sie die restlichen Steine wie beschrieben. Treten Sie ab und an zurück, um zu sehen, wie die Fläche insgesamt aussieht. Knien Sie sich immer in den Sand hinter den schon verlegten Steinen, nie auf die Steine, da diese sonst verrutschen können. Überprüfen Sie die Fläche gelegentlich mit der Wasserwaage, um sicherzustellen, dass Sie das bei der Standortvorbereitung angelegte Gefälle einhalten.

Fugen

Verteilen Sie nach dem Verlegen aller Steine sauberen und trockenen Feinsand auf der Bodenfläche und fegen Sie ihn mit einem Besen in die Fugen ein. Besprühen Sie den Boden danach mit dem Wasserschlauch, um den Sand einzuschlämmen. Wiederholen Sie das Einfegen und Beregnen so lange, bis der Sand gut verdichtet ist (er sollte sich ca. 5 mm unterhalb der Steinoberfläche befinden) und die Steine nicht mehr kippen oder wackeln.

Varianten

Wenn Sie Ihren Boden auf einem stabilen Unterbau mit einer mindestens zehn Zentimeter dicken Splittschicht verlegt haben, können Sie statt Sand Trockenmörtelmix in die Fugen einfegen. Verteilen Sie den Mörtel gleichmäßig in die Fugen und besprühen Sie die Fläche danach mit Wasser, das vom Mörtel aufgenommen

Unten Diese mit Bruchsteinplatten belegte Sitzecke ist eine Erweiterung des umliegenden Gartens.

Links Bruchsteinplatten können problemlos um vorhandene Gestaltungselemente herumgelegt werden.

Traditionelle Bodenflächen

In der Kaiserlichen Sommerresidenz Katsura im japanischen Kyoto wurde Anfang des 17. Jahrhunderts der erste Flaniergarten angelegt. Flaniergärten sind dynamisch gestaltete Anlagen, die sich mit der Jahreszeit, dem Laubwachstum und dem Vergehen der Zeit verändern. Hier bilden großflächige Feldsteine aus der Umgebung, die einfach im Boden verlegt wurden, einen Weg von schlichter Eleganz.

wird. Warten Sie 15 Minuten und besprühen Sie den Boden erneut. Wenn der Boden abgetrocknet und der Mörtel hart geworden ist, müssen Sie diesen Vorgang u. U. noch einmal wiederholen, um alle Steine endgültig zu stabilisieren. Ein Hinweis sei gestattet: Diese Verfahrensweise ist zwar viel einfacher als die Herstellung einer Betonplatte mit anschließender Verlegung von Steinen im Mörtelbett, die Bodenfläche ist aber auch nicht so haltbar und der Mörtel in den Fugen kann reißen.

Tipp

Wenn die Oberfläche Ihrer Steine rau und uneben ist, müssen Sie sich unter Umständen auf Ihren geübten Blick und nicht die Wasserwaage verlassen, um das Gefälle zu überprüfen. Beugen Sie sich so weit es geht nach unten und schätzen Sie das Gefälle so gut es geht ein.

Gegenüberliegende Seite
Diese Fläche verdankt ihre fast elegante Wirkung den mit farblich passendem Splitt gefüllten Zwischenräumen zwischen den Bruchsteinplatten.

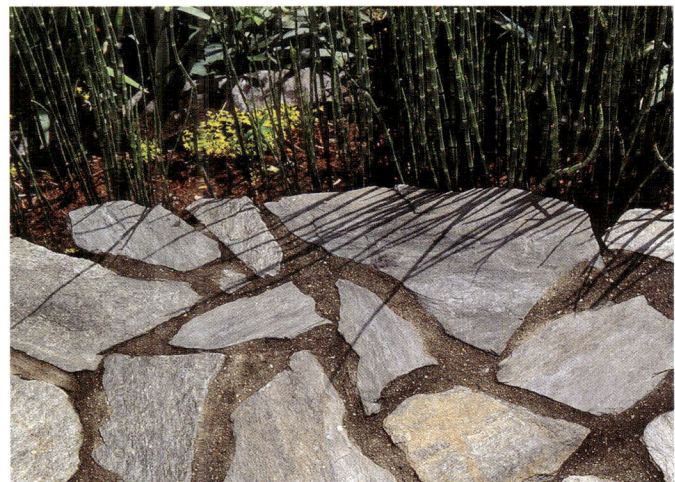

Links und unten
Der geschwungene Rand dieser mit Bruchsteinplatten gepflasterten Fläche nimmt die Linienführung des Blumenbeetes und der Steinmauer auf, von denen die Terrasse umgeben wird.

Verlegung auf Beton

Ein Betonunterbau gibt jeder Bodenfläche maximale Stabilität. Wenn Sie diese für Ihre Fläche aus Feldsteinen oder Bruchsteinplatten anstreben, folgen Sie der auf S. 105 beschriebenen Verfahrensweise für die Verlegung von Werkstein auf Beton.

Pflege

Bei trocken verlegten Steinen auf flexiblem Unterbau kann es passieren, dass einzelne Steine sich mit der Zeit setzen oder verrutschen. Passen Sie in solchen Fällen das Sandbett unter dem jeweiligen Stein an, um ihn wieder zu stabilisieren bzw. in die richtige Höhe zu bringen. Fugensand muss u. U. jährlich nachgefüllt werden, und die Fugen sollten regelmäßig vom Unkraut befreit werden. Verwenden Sie beim Schneeräumen im Winter einen Kunststoffschieber, da Schneeschieber aus Metall die Steine beschädigen können.

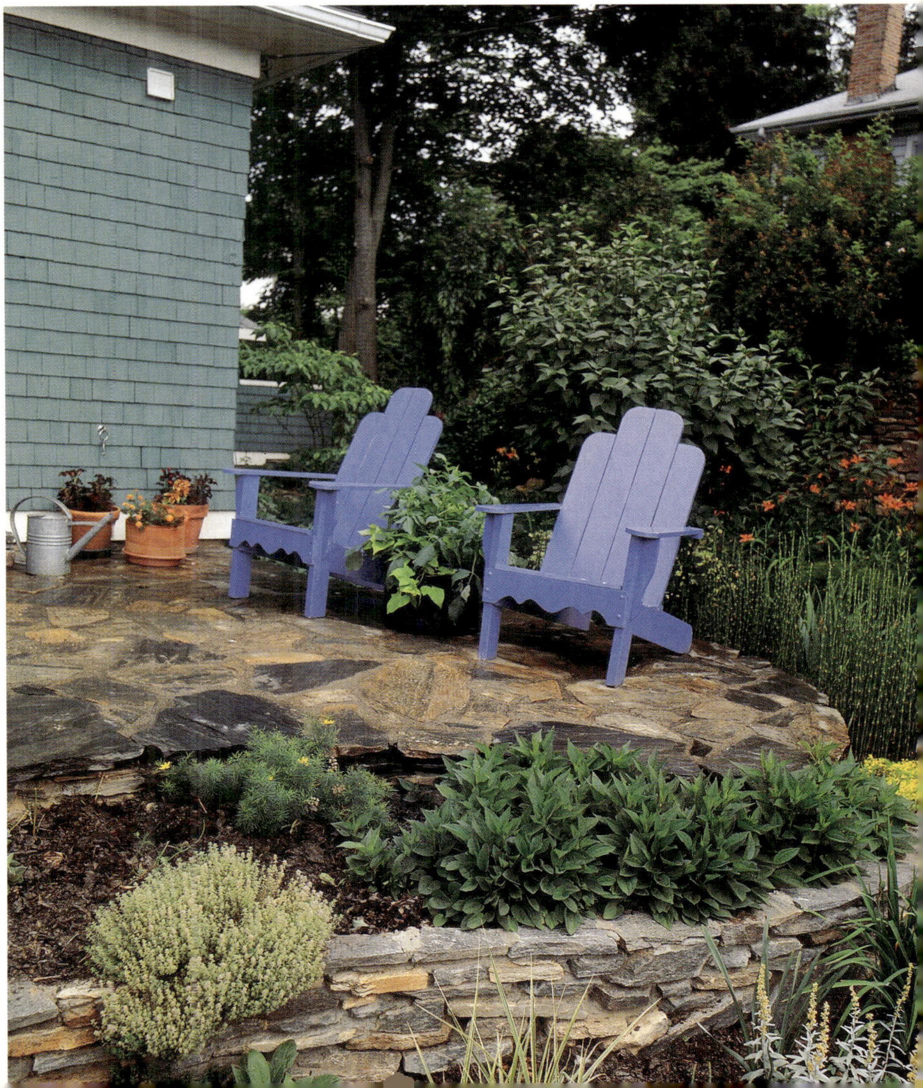

Werk-
stein

Vergleicht man Pflastersteine mit einer Familie, dann kommen Feldsteine und Bruchsteinplatten vom Lande, während Werkstein der elegantere Cousin aus der Stadt ist. Er bevorzugt exakte Formen, einheitliche Größen und ausgefeilte Verlegemuster. Wenn Sie einer Terrasse, einer Pool-Umrandung oder einem gepflasterten Hof einen Hauch formaler Eleganz geben wollen, sollten Sie dieses Pflastermaterial in Erwägung ziehen. Zur Verfügung stehen u. a. Sandstein, Kalkstein, Blausandstein, Schiefer, Granit und Marmor.

Vorhergehende Seite
Trocken verlegte Stein-platten mit Pflanzen erge-ben eine rustikale Boden-fläche.

Steinplatten bieten sich für klassisch-strenge Böden an. Sie sollten dafür auf Beton und mit schmalen Fugen verlegt werden (links). **Wenn Sie einen etwas weicheren Effekt erzielen wollen, können Sie den mit breiteren Fugen, die mit Erde gefüllt und teilweise bepflanzt werden, erreichen** (unten links).

Spezielle Werk-zeuge & Zubehör

Für die Ränder Ihrer Bodenfläche müssen Sie die Pflastersteine u. U. zuschneiden. Das trifft vor allem bei geschwungenen Linien oder bei Verlegung in einem dia-gonal verlaufenden Muster zu. Sie können diese Schneidarbeiten mithilfe der folgen-den Werkzeuge und Hilfsmittel ausfüh-ren.

- Bleistift oder Kreide zum Anzeichnen der Schnittlinien

- Kreissäge mit Steinschneideblatt

- Ein robustes Stück Holz zur Schnitt-führung

- Schutzbrille und Gehörschutz

Wenn Sie einen flexiblen Unterbau mit Splitt-Tragschicht planen, können Sie einen Motor-Rüttler ausleihen, der beim Verdichten des Materials hilft und zu einer stabileren Unterlage führt, die vor allem für einen dünnen Belag aus brüchi-gerem Gestein notwendig sein kann.

Gestaltungsvarianten

Vorhersagbarkeit hat ihre Vorteile. Wenn Sie sich auf Form und Größe Ihrer Pflastersteine festgelegt haben, können Sie das Verlegemuster auf Millimeterpapier entwerfen, statt schwere Steine hin- und herzuschieben. Fertigen Sie zunächst eine maßstabsgerechte Zeichnung Ihrer zu pflasternden Fläche an. Kopieren Sie die Zeichnung mehrfach oder legen Sie immer wieder neues Transparentpapier darauf, um mit verschiedenen Mustervarianten experimentieren zu können.

Dass Werkstein in Größe und Form einheitlich ist, heißt durchaus nicht, dass Ihr Muster langweilig oder schablonenhaft sein muss. Überlegen Sie, ob Sie nicht verschiedene Formen oder sogar unterschiedliche Farbtöne verwenden können – oder ob Sie an bestimmten Stellen Steine ganz weglassen können, um dort andere Pflastermaterialien oder Pflanzen einzufügen. In die Fläche oder an den Rändern gepflanzte kriechende Pflanzen tragen z. B. dazu bei, ein ansonsten sehr streng wirkendes Muster aufzulockern. Das Erscheinungsbild Ihrer Bodenfläche wird auch davon beeinflusst, wie breit die Fugen zwischen den Steinen sind, ob die

Oben Ein ruhiger Rückzugsort mit Granitsteinpflaster. Die geschwungenen Linien wirken zwanglos. Eine kreisförmige Aussparung in der Fläche lässt Raum für Pflanzen.

Gegenüberliegende Seite
Für diese Stufen und den gemütlichen Sitzplatz am Wasser wurden Steinplatten trocken auf flexiblem Unterbau verlegt.

Rechts Steinplatten müssen durchaus nicht streng wirken. Durch den Verzicht auf Mörtelfugen und die Aussparung für Pflanzen passt der Boden ausgezeichnet zu dieser rustikalen Sitzecke.

Steine linear oder versetzt verlegt werden (ein versetztes Muster ergibt einen stabileren Boden) und ob Sie die Fugen mit Mörtel füllen, darin Gras aussäen oder noch etwas ganz Anderes machen. Eine Einfassung ist nicht notwendig, um die Steine an ihrem Platz zu halten, Sie kann aber natürlich als dekoratives Element hinzugefügt werden.

Verlegung auf flexiblem Unterbau

Unterbau

Markieren Sie nach dem Beräumen und Einebnen des Standorts die Umrisse Ihrer Bodenfläche und legen Sie einen flexiblen Unterbau aus Splitt und Sand an (Variante 1; s. S. 42). Wenn Ihr Pflastermaterial relativ dünn ist, sollten Sie ein Mineralstoff- oder Brechkorngemisch verwenden (s. S. 42) oder eine Betonplatte herstellen (s. S. 105).

Bettung

Als Bettung dient die abgezogene Sandschicht, die den obersten Teil des Unterbaus bildet.

Bepflanzen der Zwischenräume: *schattig oder halbschattig*

In dieser Liste finden Sie einige robuste Pflanzen, die durchaus einen Fußtritt, aber keine volle Sonne vertragen.

Günsel *(Ajuga reptans)*. Niedrige Pflanze. Blüht im Frühjahr blau, weiß oder pink.

Kleines Immergrün *(Vinca minor)*. Bodendecker mit kriechenden Stängeln und blauen oder weißen Blüten.

Moosbeere *(Gaultheria procumbens)*. Kriechende Pflanze mit glänzenden Blättern und kleinen weißen Blüten, später roten Beeren.

Phlox *(Phlox stolonifera)*. Niedrige, kriechende Waldpflanze mit weißen oder blauen Blüten.

Rebhuhnbeere *(Mitchella repens)*. Kleine immergrüne Blätter und hellrosa Blüten. Rote Beeren im Herbst.

Schaumblüte *(Tiarella cordifolia)*. Kriechende Stängel, herzförmige Blätter und im Frühjahr weiße Blüten.

Steinbrech *(Saxifraga stolonifera)*. Kriechende Pflanze mit weiß geäderten Blättern und weißen Blüten. Bildet Ausläufer.

Teppich-Hartriegel *(Chamaepericlymenum canadensis)*. Hieß früher *Cornus canadensis*. Kleine weiße Blütendolden im Frühjahr, später rote Beeren. Die Blätter verfärben sich im Herbst weinrot.

Verlegen der Steine

Verwenden Sie Ihre Zeichnung als Vorlage und verlegen Sie auf einem Abschnitt eine Musterprobe, um zu sehen, ob das Muster Ihnen gefällt. Wenn das der Fall ist, spannen Sie zu Beginn Schnüre mit Wasserwaagenlibellen über Ihre Fläche, die Ihnen helfen, die Musterreihen gerade und die Oberfläche des Pflasters eben zu halten (s. S. 50).

Beginnen Sie dann an einer der Außenkanten mit dem Verlegen einiger Steine. Die Breite der Fugen zwischen den Steinen kann je nach Muster variieren, bei traditionellen Mustern beträgt sie normalerweise zwischen 5 mm und 2 cm. Passen Sie bei Bedarf das Sandbett unter den Steinen an, sodass sich die Oberseiten der Steine in der richtigen Höhe befinden und eine ebene Fläche bilden. Überprüfen Sie das mit den gespannten Schnüren. Rütteln Sie nach dem Verlegen eines kleinen Abschnitts jeden einzelnen Stein mit dem Gummihammer ein.

Verlegen Sie die restlichen Steine auf diese Weise. Knien Sie sich immer in den Sand, nie auf schon verlegte Steine. So verhindern Sie, dass Steine verrutschen. Und legen Sie in regelmäßigen Abständen die Wasserwaage an um sicherzugehen, dass Sie das beim Ausheben der Grube hergestellte Gefälle beim Pflastern auch einhalten.

Fugen

Verteilen Sie nach dem Verlegen aller Steine sauberen und trockenen Feinsand auf der Bodenfläche und fegen Sie ihn mit

einem Besen in die Fugen ein. Besprühen Sie den Boden danach mit dem Wasserschlauch, um den Sand einzuschlämmen. Wiederholen Sie das Einfegen und Beregnen so lange, bis der Sand gut verdichtet ist (er sollte sich ca. 5 mm unterhalb der Steinoberfläche befinden) und die Steine nicht mehr kippen oder wackeln.

Varianten

Wenn Sie Ihren Boden auf einem stabilen Unterbau mit einer mindestens zehn Zentimeter dicken Splittschicht verlegt haben, können Sie statt Sand Trockenmörtelmix in die Fugen einfegen. Verteilen Sie den Mörtel gleichmäßig in die Fugen und besprühen Sie die Fläche danach mit Wasser, das vom Mörtel aufgenommen wird. Warten Sie 15 Minuten und besprühen

Oben Blausandsteinplatten in unterschiedlichen Größen wurden hier mit Bruchsteinplatten und Kieseln kombiniert.

Rechts **Große Steinplatten lassen sich auch von schweren Möbeln oder einer Steinmauer nicht in den Hintergrund drängen.**

Unten rechts **Diese Stellfläche vermittelt Besuchern den ersten Eindruck. Sie besteht aus fest verfugten Steinplatten mit einem dekorativen Ziegeleinsatz.**

Sie den Boden erneut. Wenn der Boden abgetrocknet und der Mörtel hart geworden ist, müssen Sie diesen Vorgang u. U. noch einmal wiederholen, um alle Ziegel endgültig zu stabilisieren. Ein Hinweis sei gestattet: Diese Verfahrensweise ist zwar viel einfacher als die Herstellung einer Betonplatte mit anschließender Verlegung von Steinen im Mörtelbett, die Bodenfläche ist aber auch nicht so haltbar und der Mörtel in den Fugen kann reißen.

Verlegung auf Beton

Diese Methode ist zwar arbeits- und kostenaufwändiger, die Verlegung von Pflastersteinen auf einer Betonplatte ergibt aber eine gleichmäßigere und stabilere Bodenfläche, die sehr dauerhaft ist.

Unterbau

Markieren Sie nach dem Beräumen und Einebnen des Standorts die Umrisse Ihrer Bodenfläche und legen Sie den Betonunterbau an (Variante 3, s. S. 47). Glätten Sie den Beton mit einer Abziehlatte oder einem Reibebrett (die Oberfläche kann durchaus etwas angeraut sein) und lassen Sie ihn mindestens sieben Tage erhärten, bevor Sie die Steine verlegen.

Bettung

Tragen Sie mit der Maurerkelle eine 2 bis 2,5 cm dicke Schicht Mörtel auf den Beton auf. Da Mörtel schnell abbindet, sollten Sie nie die gesamte Fläche auf einmal bedecken, sondern in Abschnitten vorgehen, die Sie gut bewältigen können (ca. 1 bis 1,5 Quadratmeter). Glätten Sie den Mörtel mit der Abziehlatte.

Verlegen der Steine

Drücken Sie die Steine Ihrem Muster entsprechend in den Mörtel und klopfen Sie jeden einzelnen mit dem Gummihammer fest. Verwenden Sie Abstandhalter, wenn der Abstand zwischen den Steinen einheitlich sein soll. Legen Sie nach dem Verlegen einiger Steine die Wasserwaage oder ein langes gerades Brett darauf und prüfen Sie, ob die Oberfläche eben ist. Gleichen Sie Unebenheiten mit dem Gummihammer aus. Es empfiehlt sich, einen Eimer Wasser und einen Schwamm griffbereit zu haben, um auf die Steine gelangten Mörtel sofort abwischen zu können, damit keine Flecke entstehen. Verlegen Sie die restlichen Steine und lassen Sie den Boden über Nacht trocknen.

Fugen

Verwenden Sie eine spitze Fugenkelle oder einen Mörtelbeutel, um die Fugen zwischen den Steinen mit Mörtel zu füllen. Auch hier sollten Wasser und Schwamm griffbereit sein, denn es ist

Unten Diese fugenlos verlegten Marmorplatten werden von einer Ziegeleinfassung zusammengehalten.

Schneiden von Werkstein

Tragen Sie unbedingt eine Schutzbrille. Kerben Sie den Stein zunächst an der entsprechenden Stelle ein. Schneiden Sie dazu mit der Kreissäge ca. 1,3 cm tief. Verwenden Sie ein Stück Holz als Richtschnur. Legen Sie den Stein dann so auf das Holz, dass sich die eingekerbte Linie direkt über der Kante befindet und das überflüssige Stück übersteht. Schlagen Sie mit dem Hammer auf das überstehende Stück. Es sollte leicht abbrechen.

wichtig, die Steine sofort von Mörtelverunreinigungen zu befreien. Wenn der Mörtel zu erhärten beginnt (das ist dann der Fall, wenn ein Fingerabdruck nicht mehr verläuft), ziehen Sie eine Fugenkelle oder ein anderes geeignetes Werkzeug über die Fugen, um den Mörtel zu verdichten und die Oberfläche zu glätten.

Pflege

Bei trocken auf einem flexiblen Unterbau verlegten Pflastersteinen kann es notwendig werden, die Steine gelegentlich anzupassen, um die Oberfläche wieder glatt und eben zu machen. Ab und zu müssen Sie auch aus den Fugen ausgewaschenen Sand ersetzen und Unkraut jäten. Auf Beton fest verlegtes Pflaster ist äußerst pflegeleicht, es muss nur ab und an gefegt werden. Auf jeder Art von Werksteinpflaster sollten Sie im Winter einen Schneeschieber aus Kunststoff verwenden, damit die Steine nicht zerkratzt werden.

Traditionelle Bodenflächen

Das Zuschneiden und Formen von Steinen für Bodenflächen im Innen- und Außenbereich ist eine uralte Handwerkstechnik, die in vielen Kulturen eingesetzt wurde, von den Inka im alten Peru bis zu den Griechen. Für diesen Boden im Hof der Bastille in Frankreich wurden um einen steinernen Mittelpunkt Steinplatten in einem in Sektoren geteilten Kreis verlegt.

Betonpflaster-
steine

Es überrascht nicht, dass Betonpflastersteine bei Landschaftsgestaltern und Heimwerkern immer beliebter werden. Wenn ein Material nicht teuer, leicht zu verarbeiten, äußerst haltbar, vielseitig einsetzbar und in einer Riesenauswahl an Formen und Stilrichtungen verfügbar ist, wird es fast im Selbstlauf zum Verkaufsschlager. Um die Nachfrage zu befriedigen, erweitern die Hersteller von Betonpflastersteinen ihr Sortiment immer weiter und selbst im normalen Baumarkt gibt es Betonpflaster in einer breiten Auswahl an Farben, Oberflächenstrukturen, Formen und Modellen. Das schließt Verbundsteine ein, die eine stabile Oberfläche ergeben.

Vorhergehende Seite
Die extrabreiten bepflanzten Lücken zwischen diesen Betonpflastersteinen lassen die Grenzen zwischen Garten und Belag verschwimmen.

Oben Großaufnahme eines mit engen Fugen verlegten Pflasters aus sechseckigen Steinen mit einem komplizierten eingeprägten Muster.

Mitte Betonpflastersteine, die Kalksteinplatten imitieren

Unten Eine typische Art Verbundsteinpflaster

Spezielle Werkzeuge & Zubehör

Wenn Betonpflastersteine in einem Muster verlegt werden, müssen sie für die Ränder u. U. zugeschnitten werden. Sie können diese Schneidarbeiten mit den folgenden Werkzeugen und Hilfsmitteln selbst ausführen (gehen Sie dabei genauso vor wie beim Zuschneiden von Ziegeln, s. S. 59).

■ Bleistift oder Kreide zum Anzeichnen der Schnittlinien

■ Nass-Schneidemaschine (wenn viele Steine zu schneiden sind) oder Winkelschleifer (wenn nur einige Pflastersteine zu bearbeiten sind)

Sie brauchen auch einen Motor-Rüttler, da ein gut verdichteter Unterbau bei diesem Material von entscheidender Bedeutung ist, sowie Schutzbrille und Gehörschutz.

Gestaltungs-varianten

Betonpflastersteine ermöglichen drei Grundtypen von Verlegemustern:

■ Verbundsteine, die so konzipiert sind, dass sie eng beieinander liegen und eine sehr stabile Oberfläche bilden, sind eine gute Wahl bei großen Flächen, wie z. B. Einfahrten und Stellflächen, die schwere Lasten aushalten müssen. Das Ergebnis ist sauber und ordentlich, doch man erkennt deutlich, dass es sich um künstliches Pflaster handelt. Wenn Sie eine natürliche Wirkung erzielen möchten, sind Verbundpflastersteine nicht das Richtige.

■ Wenn Ihr Betonpflaster das Aussehen von anderen Pflastermaterialien imitieren soll – Blausandsteinplatten, Granitquader, Ziegel oder was auch immer – finden Sie bestimmt einen Betonpflasterstein, der genau wie dieses Material aussieht und den gewünschten Zweck erfüllt. Haben Sie eine große Fläche zu pflastern, ist Beton oft weitaus kostengünstiger, leichter verfügbar und einfacher zu handhaben als das Natursteinmaterial und die Imitationen sind heute oft recht überzeugend und sehen nicht mehr billig aus.

Betonsteine selbst herstellen

Natürlich ist das nicht der schnellste Weg für eine gepflasterte Fläche im Garten. Aber die eigenhändige Herstellung von Pflastersteinen ist eine der besten Methoden, zu einem wirklich einzigartigen, individuellen Pflaster zu kommen, selbst wenn Sie nur einige wenige Steine produzieren, die Sie dann hier und dort zwischen die vielen genormten Pflastersteine setzen.

1 Beginnen Sie mit einem Zementgemisch aus drei Teilen Sand und einem Teil Zement. Mischen Sie dann etwa einen Teil Wasser unter, bis der Zement eine gießfähige Konsistenz hat. (Wenn Sie farbige Pflastersteine haben wollen, können Sie jetzt auch Farbe zugeben.) Die Gussform können Sie kaufen oder selbst herstellen, sie sollte 5 bis 7,5 cm hoch sein und keinen Boden haben. Für runde Steine eignet sich der obere Rand eines großen Blumentopfes gut. Schauen Sie im Baumarkt nach Gussformen in anderen Formen und Größen. Bestreichen Sie die Innenseite der Gussform mit Öl und setzen Sie die Form auf ein Stück Plastikfolie. Füllen Sie die Form dann bis zum Rand mit dem Zementgemisch.

2 Ziehen Sie eine Holzlatte über die Oberkante der Gussform, um die Oberfläche zu glätten und zu nivellieren.

3 Verzieren können Sie den Pflasterstein mit allerlei Gegenständen aus dauerhaftem Material. Das können z. B. kleine Fliesenscherben, Glastropfen, Murmeln oder Scherben von Keramiktöpfen sein. Ziehen Sie Gummihandschuhe an, bevor Sie die Objekte an der gewünschten Stelle in die feuchte Zementmischung drücken. Arbeiten Sie dann jedes Objekt mit einem Reibebrett so weit in den Zement hinein, dass es zu ca. zwei Dritteln darin eingebettet ist. Das ist auch eine wunderbare Methode, Reiseandenken (zum Beispiel Muscheln von der Strandwanderung im letzten Sommer), persönliche Erinnerungsstücke (etwa eine Scherbe von Omas zerbrochenem Porzellan) und andere Andenken einzubeziehen.

4 Wenn der Zement trocken und vollständig erhärtet ist (etwa drei Tage, nachdem er gegossen wurde), können Sie die Gussform entfernen, sie wird dazu nach außen gedrückt und dann abgezogen. Entfernen Sie zum Schluss überschüssigen Beton mit einer harten Bürste von der Oberfläche des Pflastersteins und säubern Sie diese mit einem feinen Wasserstrahl.

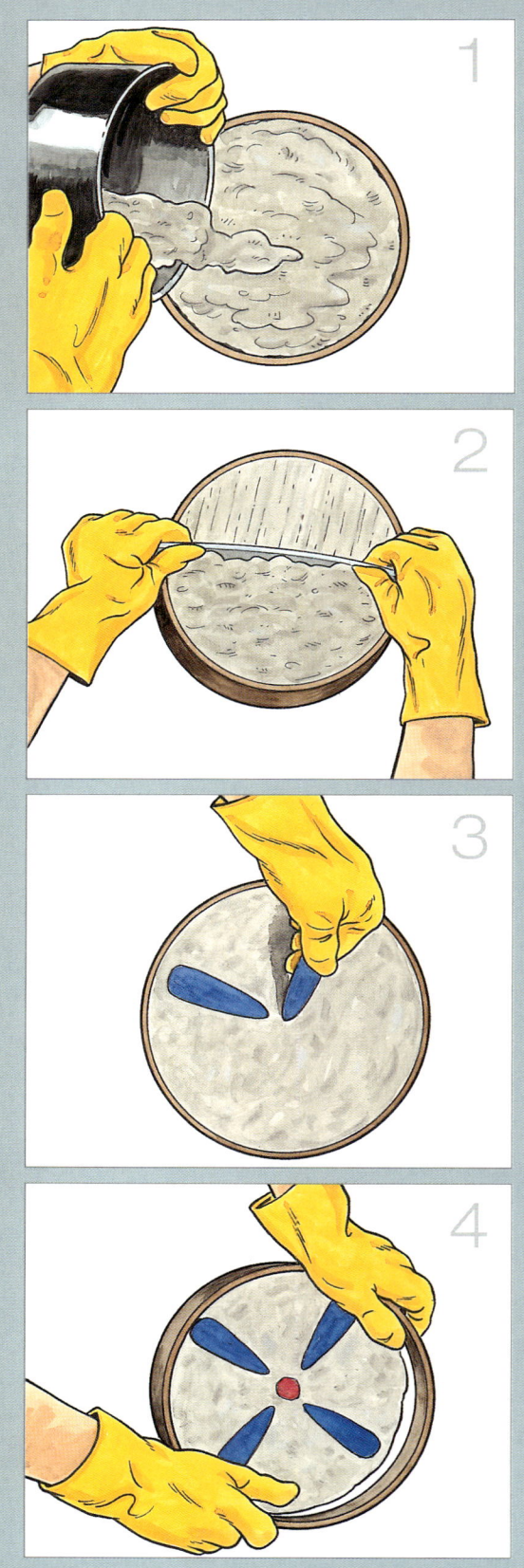

■ Aber vielleicht entscheiden Sie sich ja gerade deshalb für Betonsteine, weil sie auf reizvolle Weise künstlich aussehen können. Wenn Sie Ihre Fläche in einem originellen geometrischen Muster, in verschiedenen Farben oder unter Einbeziehung von dekorativen Einzelstücken pflastern wollen (z. B. Steinen, die bemalt, geprägt oder durch im Zement verlegte Gegenstände verziert sind), finden Sie schon im Handel eine riesige Auswahl – Sie können aber auch Ihre eigenen Pflastersteine herstellen.

Verlegung

Unterbau

Markieren Sie nach dem Beräumen und Einebnen des Standorts die Umrisse Ihrer Bodenfläche und legen Sie einen flexiblen Unterbau in der auf Seite 42 beschriebenen stabileren Variante 1 (Splitt und Sand) an. Die Dicke der Splittschicht sollte 10 cm betragen, wenn ein wenig strapazierter Gehweg gepflastert werden soll; für einen stärker belasteten Weg schütten Sie 15 cm und für eine Einfahrt 20 cm Splitt auf. Bringen Sie auf dem Splitt eine 2,5 cm dicke Sandschicht auf, wässern Sie das Unterbaumaterial und verdichten Sie es gründlich.

Links **Eine Pool-Um-
randung mit attraktiven
Verbundsteinen, die ein
Muschelmuster bilden**

Betonsteine brauchen in den meisten
Fällen eine Einfassung, die das Pflaster
zusammenhält. Das trifft insbesondere
auf Steine zu, die in einem engen oder
ineinander greifenden Muster verlegen
werden sollen. Achten Sie darauf, dass der
Graben, den Sie um das Fundament herum anlegen, für das von Ihnen gewählte
Einfassungsmaterial tief und breit genug
ist.

Bettung

Als Bettung dient die 2,5 cm dicke, ein-
geebnete Sandschicht des Unterbaus.
Achten Sie darauf, sauberen, gewaschenen Grobbetonsand zu verwenden, keinen
feinen Maurer- oder Quarzsand. Ziehen
Sie den Sand ab, damit die Oberfläche
geglättet wird.

Verlegen der Steine

Wie Sie Ihre Pflastersteine verlegen,
hängt von der Art der Steine ab, die Sie
gewählt haben. Wenn Sie mit ziegelähn-
lichen oder Verbundsteinen arbeiten, verfahren Sie so wie beim Verlegen eines
Belags aus Ziegelsteinen. Spannen Sie
zunächst Richtschnüre über die zu pflas-
ternde Fläche. Diese dienen zur Orientie-
rung, damit die Musterlinien gerade bleiben und die Oberfläche des Belags eben
wird (s. S. 50). Beginnen Sie an einer der
Außenkanten der Fläche und verlegen Sie
die Steine dem Muster entsprechend, zu-

Verdeckte Metall- oder Kunststoffeinfassung

Metall- oder PVC-Einfassungen, die sich
besonders gut für Verbundsteine aus
Beton eignen, sollen kein sichtbarer Be-
standteil Ihrer Bodenfläche sein. Ihr
Hauptzweck besteht darin, dem Belag
Festigkeit zu verleihen, indem sie dem
Pflaster in der Horizontalen Widerstand
entgegensetzen und so helfen, den Ver-
bund der Steine und ihre Fähigkeit zur
Druckverteilung zu erhalten. Diese in
unterschiedlichen Ausführungen erhältlichen Einfassungen werden nach dem
Verlegen des Belags eingesetzt (nicht
vorher, wie bei den meisten anderen Einfassungen). Metalleinfassungen sind
sehr haltbar und eignen sich gut für gebogene Kanten. Sie positionieren einfach die keilförmige Führung und nageln
sie mit 25 cm langen Nägeln im Unterbau fest. PVC-Einfassungen sind nicht
ganz so stabil wie die aus Metall. Wenn
der Pflasterbelag nicht befahren wird,
erfüllen sie ihren Zweck jedoch auch.
Kaufen Sie aber unbedingt speziell für
Pflasterbeläge bestimmte PVC-Einfassungen, keine normalen Beeteinfassun-
gen.

nächst auf einem Teilabschnitt (etwa 1 bis 1,5 Quadratmeter). Soll der Belag maximal belastbar sein, empfiehlt es sich, die Pflastersteine so zu verlegen, dass die Fugen möglichst schmal sind. Versuchen Sie, die Fugen nicht breiter als 3 mm zu machen. Wenn Sie mit größeren Pflastersteinen arbeiten, verlegen Sie diese wie Werkstein. Arbeiten Sie auch hier besser mit Richtschnüren. Viel mehr Spielraum haben Sie aber, was den Abstand zwischen den Pflastersteinen betrifft.

Welches Verfahren Sie auch wählen – in jedem Fall müssen Sie das Sandbett unter den Pflastersteinen so anpassen, dass die Oberkante der Steine an die Richtschnur heranreicht. Legen Sie nach dem Verlegen jeder Reihe ein schmales Brett auf die Pflastersteine und klopfen Sie leicht darauf, um Unebenheiten auszugleichen. Rütteln Sie einzelne Steine mit einem

Bepflanzen der Zwischenräume: *Duftpflanzen*

Eine kleine Auswahl von Pflanzen, die bei Berührung ihren Duft verströmen (und überleben, wenn die Berührung ein Fußtritt ist):

Großwurzeliger Storchschnabel *(Geranium macrorrhizum).* Mehrjährige mit rosafarbenen Blüten und stark duftenden Blättern.

Korsische Minze *(Mentha requientii).* Kräftig grüne Blätter und hellviolette Blüten. Sieht aus wie Moos. Am besten im Halbschatten und in gleich bleibend feuchter Erde. Minzearoma mit Salbeinote.

Pfingstnelke *(Dianthus gratianopolitanus).* Polsterpflanze mit höheren weißen Einzelblüten, stark duftend.

Römische Kamille *(Chamaemelum nobile).* Zart gefiederte Blätter, kleine gelbe Blüten, duftet nach Apfel.

Zitronenthymian *(Thymus citriodorus).* Buntblättrig (gold-grün), lavendelfarbene Blüten im späten Frühjahr. Zitronenaroma.

Unten **In diesem Stadtgarten wurde mit Betonsteinen eine gelungene Granit-Imitation erreicht.**

Rechts **Der gedämpfte, natürliche Farbton dieser Betonsteine trägt dazu bei, den Belag gut an die Umgebung anzupassen.**

Gummihammer ein, wenn das erforderlich ist. Knien Sie sich immer in den Sand hinter der Stelle, an der Sie gerade arbeiten. So vermeiden Sie es, dass schon verlegte Steine verrutschen. Und überprüfen Sie von Zeit zu Zeit mit der Wasserwaage, dass Sie das beim Anlegen des Unterbaus hergestellte Gefälle auch einhalten.

Verdichtung
Wenn Sie Verbundsteine verlegt haben, gehen Sie vor dem Verfugen mindestens zweimal mit dem Motor-Rüttler über die Fläche, dadurch werden die Steine im Sandbett endgültig fixiert.

Fugen
Verteilen Sie nach dem Verlegen aller Steine sauberen und trockenen Feinsand auf der Bodenfläche und fegen Sie ihn mit einem Besen in die Fugen ein. Besprühen Sie den Boden danach mit dem Wasserschlauch, um den Sand einzuschlämmen. Wiederholen Sie das Einfegen und Bereg-

nen so lange, bis der Sand gut verdichtet ist, die Fugen verfüllt sind und die Steine nicht mehr kippen oder wackeln. Gehen Sie bei Verbundsteinen nach dem Ausbringen des Sandes mit dem Motor-Rüttler über die Fläche, dadurch wird schon ein Teil des Sandes in die Fugen eingerüttelt. Fegen und beregnen Sie dann wie beschrieben.

Abschließende Arbeiten
Säubern Sie die Belagoberfläche mit einem Spezialreiniger für Pflastersteine. Wenn Sie wollen, können Sie nach dem völligen Abtrocknen der Fläche ein Betonpflaster-Imprägniermittel aufsprühen oder auftragen, das zum Schutz der Oberfläche dient. Verwenden Sie ein Imprägniermittel, das speziell für Betonpflaster entwickelt wurde, kein Allzweckmittel. Das Pflaster von Pool-Umrandungen sollten Sie nie imprägnieren, da die Chemikalie in das Wasser des Swimmingpools gelangen könnte.

Links Pflastersteine in verschiedenen Farben und Formen erinnern an einen kunstvoll verlegten Fliesenbelag.

Unten links Manchmal werden Verbundsteine, die Muster ergeben (wie das hier abgebildete Fächermuster), als Fertigplatten mit schon verlegten Steinen verkauft.

Pflege

Mit der Zeit können einzelne Steine verrutschen oder absacken. Verwenden Sie einen Schraubendreher, um diese Steine herauszuheben, passen Sie das Sandbett darunter an (in den meisten Fällen bedeutet das, Sand nachzufüllen) und setzen Sie den Stein wieder ein. Ab und zu müssen Sie auch aus den Fugen ausgewaschenen Sand ersetzen und Unkraut jäten.

Die weißlichen Ausblühungen (Effloreszenz), die Ziegel befallen und darauf Flecke oder Schlieren bilden, können auch auf Betonpflaster auftreten. Wenn sie durch die natürliche Verwitterung nicht verschwinden, können Sie ihnen an einem warmen, trockenen Tag mit Wasser und Scheuertuch oder einer harten, trockenen Bürste zu Leibe rücken. Aller zwei bis fünf Jahre können Sie die Imprägnierung der Pflastersteine erneuern, um Effloreszenz vorzubeugen, die Steine vor anderen Flecken zu schützen und ihre Farbe aufzufrischen.

Traditionelle Bodenflächen

Kieselsteinmosaike – heute eine beliebte Methode, Betonpflaster eine individuelle Note zu geben – dienen seit tausenden von Jahren zur Verschönerung von Fußböden. Die alten Griechen gehörten zu den Ersten, die Mosaikfußböden hatten. Die hier gezeigten entstanden 350 v. Chr. (links) und 250 v. Chr. (Mitte) aus Steinen der Umgebung. Wunderschöne Muster aus in Zement verlegten Kieselsteinen wurden in alten Zeiten auch in China und von den Arabern während ihrer Herrschaft in Spanien geschaffen, aber auch von italienischen Gartengestaltern zur Zeit der Renaissance (rechts).

Unten **In diesem Kräuter- und Blumengärtchen dienen Betonpflastersteine, die Natursteinplatten ähneln, als unaufdringliche und praktische Trittsteine.**

Gieß-beton

Dieses Material hat wirklich keinen guten Ruf. Vermutlich deshalb, weil die meisten von uns dabei an einfallslose Flächen in monotonem Grau denken, die am besten Bürgersteigen und Eingangszonen von Bürohäusern vorbehalten bleiben sollten. Aber schauen Sie doch einmal genauer hin. Wenn Sie die immer vielfältigeren Möglichkeiten, mit denen sich Beton strukturieren, färben und anderweitig behandeln lässt, und seine unwahrscheinliche Flexibilität berücksichtigen (man bearbeitet ihn feucht, dadurch passt er sich jeder gewählten Form an), haben Sie hier ein dauerhaftes Pflastermaterial, das den vielfältigsten Wünschen in der Gartengestaltung wunderbar gerecht werden kann.

Vorhergehende Seite
Dieser gegossene und geprägte Betonbelag führt zu Stufen aus vorgefertigten Betonsteinen.

Links **In den Fugen dieses Betonbelags wurden Ziegelsteine verlegt, um ihn ansprechender zu machen und optisch mit dem Weg dahinter zu verbinden.**

Unten links **Bei dieser Terrasse aus Gießbeton sind die Fugen Teil des Designs. In den Rasen gesetzte Fertigbetonplatten stellen die Verbindung zum Garten her.**

Spezielle Werkzeuge & Zubehör

Zement erhärtet schnell. Deshalb sollten Sie sich vor Beginn der Arbeiten davon überzeugen, dass alles dafür Erforderliche bereit liegt. So verbringen Sie keine kostbare Zeit mit der Suche nach Werkzeugen.

■ Derbe Arbeitshandschuhe

■ Gummistiefel

■ Motor-Rüttler

■ Rechtwinklige Betonkelle

■ Betonkantenformer (auch Kantenformkelle genannt, zum Herstellen einer abgerundeten Kante zwischen Beton und Schalung)

■ Pfalzmeißel oder Fugenschneider (zum Schneiden von glatten, geraden Scheinfugen im Belag, um ein Reißen des Betons zu verhindern)

■ Betonglätter oder Glättbrett (Dieses Werkzeug gleicht Vertiefungen und Erhebungen aus, nachdem der Zement mit einer Abziehlatte grob nivelliert wurde. Für größere Flächen sollte ein Betonglätter mit Stiel verwendet werden.)

■ Holzreibebrett (Optional, damit wird die Oberfläche des Belags etwas rauer, was seine Griffigkeit verbessert.)

■ Robuste Schubkarre (wenn Sie das Mischen selbst übernehmen)

■ Hammer, Nägel, Pflöcke und Bretter zum Bau der Schalung

■ Dehnungsmaterial zum Verfüllen der Bewegungsfugen (Sie können entweder Bitumenfilz oder spezielles Dehnungsband verwenden.)

■ Plastikfolie oder -plane zum Abdecken der Platte während des Trocknens (zum Schutz gegen Regen)

Gestaltungs- varianten

Weil das Material für die äußerst haltbaren Betonbeläge beim Verlegen als Einziges weich und fließend ist, können Sie es problemlos um einen Brunnen herumlegen, die geschwungenen Ränder eines Teiches damit einfassen oder es auf vielfältigste Weise an schon vorhandene Formen und Gestaltungselemente auf Ihrem Grundstück anpassen.

Sie können das Material auch in Farbe und Struktur verändern, wenn der Belag auf natürliche Weise mit seiner Umgebung verschmelzen soll, wenn ein auffälliger Kontrast geschaffen oder wenn der Belag anderen Pflastermaterialien perfekt angeglichen werden soll. Betonfarbe (in Pulverform erhältlich) oder Strukturmaterial wie Zierkies verändern die Zementmischung noch vor der Verarbeitung. Sobald der Belag gegossen ist, können Sie die noch feuchte Oberfläche mit Prägeschablonen o. Ä. strukturieren, um dem Beton das Aussehen von Kopfsteinpflaster, Ziegelsteinen oder anderem Pflastermaterial zu verleihen. Sie können in der feuchten Betonoberfläche auch die verschiedensten Gegenstände verlegen, angefangen von Steinen und Muscheln über Glas bis hin

Oben Hier wurde Beton so eingefärbt und geprägt, dass er aussieht wie Stein.

zu Fliesenscherben und Blättern. Verändern können Sie die Oberfläche des frisch gegossenen Zementbelags auch mit verschiedenen Werkzeugen, z. B. einem Besen mit steifen Borsten oder speziellen Reibebrettern. Oder Sie warten, bis der Belag ausgehärtet ist und verschönern ihn danach mit Betonfarbe.

Wenn man Beton weniger zweckmäßig aussehen lassen will, hilft es oft, ihn sparsam zu verwenden und mit anderen Materialien zu kombinieren, angefangen von Ziegelbordüren bis hin zu Pflastersteinen, die unsystematisch in die Fläche eingelassen werden. Auch eine dekorative Einfassung kann dazu beitragen, dass ein Betonbelag weniger monoton wirkt.

Fachwörter auf einen Blick

Zwischen den Wörtern Beton und Zement wird oft keinerlei Unterschied gemacht (und ab und zu wird auch noch Mörtel verwendet). Das kann Anfänger, die den Unterschied kennen müssen, verwirren. Die folgenden Definitionen machen die Unterschiede klar:

Zement: Wird auch Portlandzement genannt und ist ein Kalkpulver, das mit Wasser und Zuschlag (Sand und/oder Kies) vermischt wird, um damit eine haltbare Oberfläche herzustellen. Vorgemischter Zement ist Portlandzement, der schon mit Zuschlag vermischt wurde. Er wird gewöhnlich säckeweise verkauft. Bei vorgemischtem Zement wird einfach nur Wasser zugegeben.

Beton: Wenn das Zementgemisch erhärtet, entsteht Beton.

Mörtel: Ein leicht verändertes Mischungsverhältnis zwischen Zement, Zuschlag und Wasser ergibt Mörtel, der beim Verlegen von Ziegeln, Fliesen und Steinen als Bindemittel dient.

Verlegung

Zwischen der Herstellung eines eigenständigen Betonfußbodens und dem Gießen einer Betonplatte als festem Unterbau für andere Pflastermaterialien gibt es keine wesentlichen Unterschiede. Sie können das unten beschriebene Verfahren in beiden Fällen anwenden. Wenn Sie nur einen Unterbau gießen, brauchen Sie die Oberfläche nicht nachzubehandeln. Sie müssen aber die Erde so tief ausheben, dass auf dem Beton genug Platz für das Sandbett und das Pflastermaterial bleibt.

Oben und gegenüberliegende Seite

Gießbeton ist ideal für Beläge in fließenden Formen, die weniger auf gerade Linien und strenge Ecken bedacht sind. Die Oberfläche wurde hier mit Prägemustern gestaltet.

Was am Anfang zu beachten ist

■ Nach dem Gießen wird Zement schnell hart. Legen Sie deshalb vor Beginn der Arbeiten alles bereit, was Sie zur Nachbehandlung der Oberfläche brauchen.

■ Nasser Zement kann auf der Haut und in den Augen zu Verätzungen führen. Tragen Sie deshalb Gummistiefel, lange Hosen, ein langärmeliges Oberteil und eine gut sitzende Schutzbrille. Wenn Haut oder Kleidung mit dem Zement in Berührung kommen, sollten Sie die betreffende Hautpartie sofort abwaschen und die Kleidung auswaschen. Gelangt Zement ins Auge, spülen Sie das Auge mindestens 15 Minuten lang mit klarem Wasser.

Unterbau

Markieren Sie nach dem Beräumen und Einebnen des Standorts die Umrisse Ihrer Bodenfläche (wie auf S. 38 beschrieben). Setzen Sie die Markierung etwa 4 cm außerhalb der Linie, die der späteren Belagkante entspricht, um genug Platz für die Schalung zu lassen. Entfernen Sie die Grasnarbe, heben Sie die Erde aus und verdichten Sie den Untergrund gründlich. Achten Sie darauf, dass der Untergrund frei von Baumwurzeln und großen Steinen ist.

Für einen Betonboden sollte das Fundament tief genug sein, um 5 – 10 cm Splitt und 8 cm Beton aufzunehmen. (Gegossen werden später 10 cm, aber die letzten beiden Zentimeter stehen über.) Wenn Sie einen Betonunterbau für ein anderes Pflastermaterial (nicht für einen Betonboden) gießen, müssen Sie das Fundament tiefer ausheben, damit Sie auf der Betonoberfläche genügend Platz für das Pflastermaterial haben.

Überall dort, wo die neue Betonplatte an eine Grundmauer oder bereits vorhandenen Beton stößt, müssen Sie über die gesamte Tiefe des Unterbaus eine Deh-

Oben Sie können den
feuchten Zement vor dem
Gießen einfärben oder den
trockenen Betonboden
bemalen oder färben.

haben, dessen Boden nicht lehmig ist,
können Sie die Splittschicht ohne großes
Risiko weglassen, es sei denn, Sie wollen
die Fläche befahren.

■ Wenn Ihr Boden keine gute Dränage
hat, können Sie mit dem Splitt ruhig
etwas großzügiger sein. Die Schichtdicke
sollte mindestens 8 – 10 cm betragen.

■ Wenn Ihr Belag nicht nur begangen,
sondern auch befahren wird, sollten Sie
die Dicke der Splittschicht auf 15 cm erhöhen.

Schalung

Die Schalung, die üblicherweise aus ver-
tikal in den Boden gesetzten Brettern
(5 cm dick, 10 cm breit) besteht, hält den
Beton zusammen, bis er getrocknet ist.
Sobald der Beton ausgehärtet ist, können
Sie die Schalung natürlich herausreißen,
Sie können sie aber auch mit Erde oder
Rasensoden abdecken oder als Einfassung
verwenden.

1 Schlagen Sie zuerst 30 cm lange Holz-
pflöcke in den Boden; lassen Sie die
Pflockenden dabei 2,5 cm aus dem Boden
herausragen. Platzieren Sie die Pfosten
in Abständen von ca. einem Meter.

2 Nageln Sie dann die Schalbretter mit
Doppelkopfnägeln (sie lassen sich später leichter herausziehen) an die Pflöcke
(Abbildung 1). Schlagen Sie die Nägel
von außen durch die Pflöcke in die
Schalbretter (auch das erleichtert später
das Entfernen der Nägel). Achten Sie bei
der Arbeit darauf, dass die Schalung das
beim Vorbereiten des Untergrunds hergestellte Gefälle einhält. (Wenn Sie die
Schalbretter nach Abschluss der Arbeiten
als Einfassung nutzen möchten, können
Sie die Oberseite der Bretter zum Schutz
vor Verschmutzung mit Kreppband ab-
kleben. Wenn Sie die Schalbretter nach
Abschluss der Arbeiten an Ort und Stelle

nungsfuge anlegen. Diese wird entweder
mit Bitumenfilz oder mit speziellem
Dehnungsband geschlossen. Das Füllma-
terial wird so platziert, dass es mit der
Oberfläche des Belags abschließt. Dehnungsfugen absorbieren durch Tempera-
turschwankungen verursachte Materialbe-
wegungen und helfen zu verhindern, das
der Beton reißt.

Die Splittschicht des Unterbaus

■ Eine erste Unterbauschicht aus Splitt
gibt dem Betonbelag noch mehr Festigkeit und minimiert die Gefahr, dass er
sich setzt oder reißt. Wenn Sie jedoch
einen trockenen, stabilen Untergrund

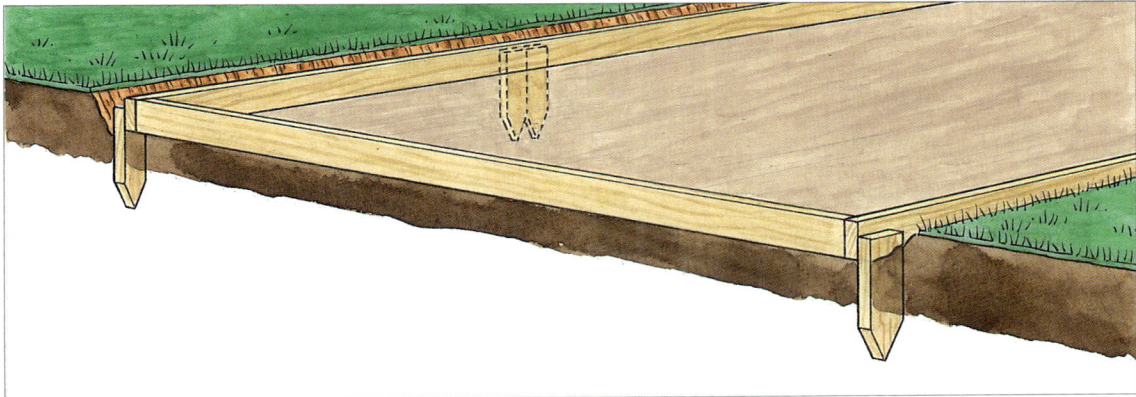

Abbildung 1 **Schalung aus vernagelten Pflöcken und Schalbrettern**

belassen und abdecken wollen, sollten Sie Pflöcke aus einem besonders harten Holz verwenden und Pflöcke und Schalbretter 2,5 cm unterhalb des Erdbodens platzieren.)

Wenn Ihre Bodenfläche geschwungene Kanten bekommen soll, verwenden Sie für die Schalung Hartholz von ca. 10 cm Breite und 0,5 cm Dicke. Nageln Sie ein Ende an einen Pflock, biegen Sie das Brett in die gewünschte Form, sägen Sie es ab und nageln Sie das andere Ende an einen anderen Pflock. Unter Umständen müssen Sie die Bretter aller 3 cm mit Schlitzen versehen, die etwa zur Hälfte durch das Brett gehen und es leichter biegbar machen.

Mischen des Zements

Säcke mit vorgemischtem Zement enthalten außer Wasser alles, was Sie brauchen. Aber sie sind teuer und eignen sich in erster Linie für sehr kleine Arbeiten. In den meisten Fällen werden Sie Portlandzement und Zuschlag (Sand und Kies) kaufen und selbst in einer Schubkarre oder einem großen Mörtelkübel mischen.

Eine gute Mischung für einen Betonboden ist ein Teil Portlandzement, 2 1/2 Teile sauberer Sand (kein Maurersand oder Seesand; das Salz würde das Abbinden beein-

Die Alternative zum Selbermischen

Bei Mengen von mehr als 0,75 m² ist es besser, wenn Sie die Zementmischung von einem Betonlieferanten herstellen, anliefern und mithilfe einer Betonrutsche direkt vom LKW in das Fundament gießen lassen. Bedenken Sie dabei, dass das zu nicht einkalkulierten Kosten (zum Beispiel für das Pumpen, wenn die zu betonierende Fläche für einen großen LKW nicht zugänglich ist) oder auch zusätzlichen Komplikationen (zum Beispiel Reifenspuren, die das Lieferfahrzeug auf Ihrem Rasen hinterlässt) führen kann. Andererseits spart Ihnen diese Variante enorm viel Zeit und Arbeit und Sie vermeiden Mischfehler.

trächtigen), 2 3/4 Teile sauberer Waschkies (mit einer Körnung von 6 mm bis 2,5 cm) und 1/2 Teil sauberes Trinkwasser. Das Mischungsverhältnis kann variieren, je nachdem, wo Sie wohnen und wie feucht Ihr Sand ist. Es empfiehlt sich, fachlichen Rat einzuholen, was das Mischungsverhältnis betrifft, z. B. bei einem Betonlieferanten. Die richtige Mischung der Inhaltsstoffe ist entscheidend. Wenn Ihr Zementgemisch zu wässrig ist, wird der Beton nicht fest genug und brüchig. Wenn die Mischung zu trocken ist, lässt sie sich nur sehr schwer gleichmäßig verteilen und Sie könnten am Ende Luftblasen im Zement haben.

Wenn Ihr Betonboden im Winter viel Kälte und Frost aushalten muss, können Sie dem Zementgemisch einen Zusatz beimengen, der in der Mischung gleichmäßig verteilte Luftbläschen entstehen lässt. Die so aufgewertete Mischung härtet zum so genannten Luftporenbeton aus, der widerstandsfähiger gegen die Ausdehnung durch Frost ist. Die Zementmischung für Luftporenbeton muss in einem Betonmischer hergestellt werden, nicht per Hand, d. h. wenn Sie die Mischung nicht fertig von einem Anbieter beziehen können, müssen Sie sich einen Betonmischer ausleihen, um das Gemisch mit dem Zusatz darin herzustellen.

Es ist immer empfehlenswert, erst eine kleine Menge Zement zu mischen und zu testen, bevor Sie Ihren Belag gießen. Beim Verteilen des Zements mit der Kelle sollte diese eine glatte, feuchte Oberfläche im Zement hinterlassen. Wenn sich dort, wo die Kelle war, Wasser sammelt, braucht die Mischung mehr Zementpulver. Ist die Mischung trocken und bröcklig, geben Sie langsam und vorsichtig Wasser hinzu. (Der Wassergehalt des Sandes und der Feuchtigkeitsgrad des Baugrundes werden ebenfalls Auswirkungen auf die Feuchtigkeit in Ihrem Zementgemisch haben.) Eine gute Mischung sollte glatt und cremig sein, nicht suppig oder bröcklig.

Bewehrung

Eine zusätzliche Bewehrung des Unterbaus mit Drahtgeflecht oder Betonstahl ist bei kleinen Betonflächen im Garten nicht notwendig, solange Ihr Zementmix faserverstärkt ist. Die meisten Betonhersteller mischen ihrem Zementmix jetzt Glasfasern als Betonverstärker und Bewehrungsersatz bei. Sie können Glasfasern aber auch im Baustoffhandel kaufen. Wenn Sie Fertigbeton bestellen, geben Sie extra an, dass der Lieferant Glasfasern beimengen soll.

Gießen des Belags

Gießen Sie den Belag immer in kleinen Abschnitten von jeweils etwa einem Meter. Führen Sie alle beschriebenen Arbeits-

Abbildung 2 **Abziehen des feuchten Zements**

schritte vollständig aus, bevor Sie mit dem nächsten Abschnitt beginnen.

1 Befeuchten Sie die Schalbretter mithilfe eines Schlauches.

2 Verteilen Sie den Zement in kleineren Mengen über den ganzen Abschnitt, nicht in wenigen großen Haufen, die dann mit dem Rechen über eine größere Entfernung verteilt werden müssten. Rechen Sie den Zement breit, bis er annähernd eben ist. Verwenden Sie dazu einen robusten Rechen (keinen Laubrechen). Wenn Sie den Zement anliefern lassen, sollten Sie beachten, dass der Zement innerhalb von 90 Minuten nach dem Beladen des LKW gegossen werden muss. Bewegen Sie nach dem Gießen des Zements eine Schaufel oder Hacke in der Mischung auf und ab, um Luftblasen zu entfernen, besonders an den Rändern. Gehen Sie dabei aber nicht zu heftig zu Werke.

3 Ziehen Sie den breit gerechten Zement zusammen mit einer zweiten Person ab. Die Abziehlatte muss so lang

Abbildung 3 & 4 **Glätten der Oberfläche mit Beton-glätter (oben) oder Glättbrett (unten).**

Oben und links
Teile dieses Belags, wie z. B. der grüne Kreis in der Mitte wurden an Ort und Stelle aus gefärbtem Beton gegossen und dann mit Betonstei-nen ergänzt. Die Ein-fassung besteht aus hochkant gesetzten Pflastersteinen. Die-ser Belag passt wun-derbar zum Art-déco-Interieur des Hauses.

sein, dass sie auf beiden Seiten der Fläche auf der Schalung aufliegt. Ziehen Sie die Abziehlatte zweimal horizontal über die Fläche (Abbildung 2). Das Abziehen ist der erste Schritt zum Glätten des Zements.

4 Arbeiten Sie jetzt mit dem Betonglät-ter oder dem Glättbrett, um die Ober-fläche weiter zu glätten und die größeren Zuschlagsstücke nach unten zu drücken (Abbildung 3 und 4). Schieben Sie das Brett mit leicht angewinkelter Vorderkante von sich weg und ziehen Sie es dann flach auf-liegend wieder zurück. Setzen Sie diesen

Abbildung 5 **Glätten der Belagkanten**

Abbildung 6 **Anlegen von Rillen auf der Oberfläche, um Risse zu vermeiden.**

Vorgang fort, bis kein Wasser mehr an die Oberfläche steigt. Bearbeiten Sie den Zement aber nicht zu lange, sonst gelangt zu viel feines Material an die Oberfläche, wodurch der Belag schwächer würde.

5 Wenn an der Oberfläche kein Wasser mehr zu sehen ist, können Sie die Belagkanten glätten. Ziehen Sie dazu den Betonkantenformer leicht angewinkelt über die Oberfläche, damit er gut gleitet (Abbildung 5).

6 Verwenden Sie Pfalzmeißel oder Fugenschneider, um die Oberfläche in regelmäßigen Abständen mit Rillen zu versehen, die ein Reißen des Betons verhindern sollen. Führen Sie das Werkzeug an einem langen Brett entlang (Abbildung 6). Wenn Sie mögen, können Sie die Rillen in das Muster des Belags einbeziehen. Eine Faustregel ist, dass der Abstand zwischen den Rillen der Breite der Betonfläche entsprechen sollte. Bei Flächen von mehr als drei Meter Breite sollten Sie in der Mitte eine weitere Fuge anlegen. Diese sollte bei einem 10 cm dicken Belag 2,5 cm tief sein, bei einem Belag von 15 cm (wie

Oben **Betonböden sind so stabil, dass sie keine Einfassung brauchen. Sie können sie jedoch als Schmuckelement hinzufügen.**

Tipp

Nehmen Sie Betonierarbeiten nur dann in Angriff, wenn die Lufttemperatur in den kältesten Stunden des Tages mindestens 5°C beträgt. Am günstigsten ist es, wenn sich absehen lässt, dass die Temperaturen einen oder zwei Monate lang in diesem Bereich oder höher liegen werden. Unter diesen Temperaturbedingungen wird der Beton richtig aushärten und trocknen.

bei Einfahrten) etwa 4 cm. (Wenn Sie wollen, können Sie die Fugen später auch mit einer Kreissäge aussägen.)

Wenn Sie eine Betonplatte für ein anderes Pflastermaterial gießen, können Sie an diesem Punkt aufhören. Decken Sie den Unterbau mit einer Plastikplane ab und lassen Sie den Beton eine Woche lang erhärten. Dann können Sie die Bettung aufbringen und den Belag verlegen.

Wenn Sie einen Betonfußboden gießen, müssen Sie zur Fertigstellung noch die folgenden Arbeitsschritte ausführen.

Fertigstellung des Belags

1 Strukturieren Sie die Oberfläche, damit der Belag griffiger und rutschfest wird. Das können Sie erreichen, indem Sie mit einem hölzernen Reibebrett oder den harten Borsten eines Besens über die Oberfläche gehen. (Verwenden Sie statt des Reibebretts keinen Stahlglätter, damit wird die Oberfläche zu glatt.) Auch die Verschönerung der Oberfläche müssen Sie jetzt in Angriff nehmen, z. B. die Gestaltung mit einem Prägemuster, einer Schablone oder durch Einlassen von Gegenständen (s. u. Verschönern der Oberfläche). Wenn Sie den Belag in einem strukturierten Muster gestalten, brauchen Sie die Oberfläche vorher nicht mit Brett oder Besen zu bearbeiten.

2 Decken Sie den Belag mit einer Plastikplane ab, damit die Feuchtigkeit nicht zu schnell verloren geht und der Beton nicht zu schnell trocknet. Lassen Sie die Plane eine Woche lang liegen, auf diese Weise kann der Beton richtig abbinden.

3 Zwei Tage nach Abnehmen der Plane können Sie auch die Schalbretter entfernen. Nach dem Entfernen der Plane dürfen Sie den Belag vier Tage lang nicht betreten und sieben Tage lang nicht befahren.

Traditionelle Bodenflächen

Die Römer waren die Ersten, die ein künstliches, unserem Beton ähnelndes Pflastermaterial verwendeten (natürlich zum Bau der vielen Straßen). Dieses Verfahren fand ebenso Verbreitung wie die Idee, Kieselsteine und anderes Material in den Beton zu drücken. Dies diente sowohl zur Verstärkung als auch zur Dekoration von Betonböden im Innen- und Außenbereich. Dieser Hof einer arabischen Moschee im spanischen Cordoba, der durch einen mit Kieselsteinen verzierten Betonboden geprägt wird, stammt aus der Zeit zwischen dem 9. und 12. Jahrhundert.

4 Füllen Sie alle potenziellen Stolperfallen an den Kanten des Belags wieder mit Erde auf und bepflanzen Sie die Ränder, wenn Sie das vorgesehen haben.

Verschönern der Oberfläche

Nach dem Gießen des Belags haben Sie etwa eine Stunde Zeit, um die Oberfläche zu bearbeiten, dann wird der Beton zu fest. Sie können dem Zementgemisch einen

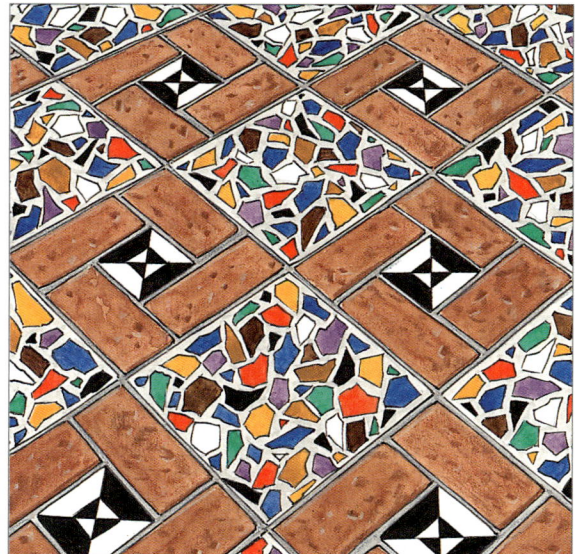

Verschiedene in Beton verlegte Materialien: glasierte Fliesen, Ziegelsteine und Fliesenscherben (oben links); **Pflastersteine sowie schwarze und weiße Kiesel** (unten); **und Schnecken- gehäuse in den Fugen zwischen Pflastersteinen** (oben rechts)

Material zum Verlegen

Glasierte Fliesen, Keramikscherben, inte- ressante Fundobjekte (s. die einzementier- ten Hufeisen auf S. 142), farbiges Glas, Blätter und zahllose andere Materialien können der Oberfläche Ihres Betonbelags eine persönliche Note geben. Dabei ist es egal, ob Sie einige wenige Stücke wie zu- fällig über die Fläche verteilen, das Mate- rial in dekorativen Kanten verlegen oder ein kunstvolles Mosaik schaffen – das Ver- fahren für das Verlegen von Objekten in Zement ist im Grunde genommen immer gleich. Was Sie verändern und an Ihren persönlichen Stil anpassen, sind Material und Design.

1 Gießen Sie nur so viel nassen Zement, wie Sie in etwa einer Stunde (oder we- niger, wenn das Wetter heiß und trocken ist) gestalten können. Danach wird die Mischung zu hart und Sie können nicht mehr damit arbeiten. Sie können einen im Fachhandel erhältlichen Abbindeverzöge- rer beimischen, damit das Zementgemisch langsamer abbindet.

2 Halten Sie Ihren Musterplan und die zu verlegenden Objekte griffbereit, ziehen Sie Gummihandschuhe an und

Abbindeverzögerer beimengen, der den Härtungsprozess verlangsamt. Aber selbst dann sollten Sie bei einem komplizierten Verlegemuster (etwa einem Mosaik) im- mer nur kleine Abschnitte des Belags auf einmal gießen und gestalten.

drücken Sie die Objekte mustergemäß in das Zementgemisch. Sie können ein langes festes Brett auf die Schalbretter zu beiden Seiten des Belags legen, auf dem Sie bei der Arbeit knien können.

3 Legen Sie nach Fertigstellung eines Abschnittes ein dünnes Stück Sperrholz auf die Oberfläche mit den darin verlegten Objekten. Drücken Sie leicht darauf, um die Objekte fest einzubetten. Sie sollten so weit einsinken, dass sie in etwa mit der gegossenen Oberfläche abschließen.

4 Lassen Sie den Beton hart werden (in der Regel 36 bis 48 Stunden) und kehren Sie die verzierte Oberfläche mit einem harten Besen sauber.

Färben des Betons

Betonfarben und -färbemittel sind im Fachhandel erhältlich. Die Farbe (nehmen Sie wasserlösliche Latexfarbe) bildet eine Schicht auf der Oberfläche, während das Färbemittel in den Beton eindringt. Sehen Sie in der Gebrauchsanweisung nach, ob vorher ein Grundierungsmittel aufgebracht werden soll; im Normalfall ist das nicht nötig. Wenn Ihr Betonbelag frisch gegossen ist, müssen Sie sichergehen, dass er wirklich vollständig ausgetrocknet ist, bevor Sie die Farbe oder das Färbemittel anwenden. Möglicherweise müssen Sie die Oberfläche erst mit Salzsäure bearbeiten, um sie etwas aufzurauen. Wenn Ihr Betonboden schon älter ist, waschen Sie ihn ab und lassen ihn vollkommen trocknen, bevor Sie Farbe auftragen. Suchen Sie sich zuerst eine unauffällige Stelle zum Testen der gewählten Farbe oder des Färbemittels. So können Sie prüfen, ob der Farbton auch wirklich dem entspricht, was Sie sich vorgestellt haben – bevor Sie die ganze Fläche damit überziehen. Unter Umständen müssen Sie mehrere Schichten auftragen, bis das gewünschte Ergebnis erreicht ist. Sowohl Farbe als auch Färbemittel bleichen durch Witterungseinflüsse mit der Zeit aus; deshalb müssen Sie die Farbe gelegentlich auffrischen.

Prägemuster

Das Prägen von Beton ist eine Technik, die immer populärer wird. Prägemuster orientieren sich oft an Vorbildern wie Ziegelsteinen, Fliesen oder Naturstein und werden häufig mit Farbzusätzen kombiniert, damit ein möglichst natürliches Aussehen erreicht wird. Professionelle Land-

Oben **Handbemalter Beton**

Unten **Eine einfache Prägearbeit, bei der das Blatt einer Yucca-Palme in farbigen Beton gedrückt wurde.**

schaftsgestalter engagieren meist Firmen mit spezieller Technik, die ihnen beim Prägen des Belags helfen, denn das kann vor allem bei großen Flächen ein ziemlich aufwändiger Prozess sein.

Auf viel einfachere Weise können Sie kleine Abschnitte mit fertig gekauften oder selbst gemachten Prägestempeln gestalten, die Abdrücke der verschiedensten Dinge produzieren, von Tierspuren bis zu Buchstaben.

Strukturieren

Mit verschiedenen Reibebrettern und Besen können Sie die Oberfläche Ihres Betonbodens fein strukturieren. Wenn Sie einen etwas auffälligeren Effekt wollen, können Sie Ihrem Zementgemisch einen Extrazuschlagstoff beimengen, der dann aus der Belagoberfläche herausgearbeitet wird. Optisch besonders wirksam ist ein Zuschlagstoff (zum Beispiel Zierkies), der farblich einen Kontrast zum Beton bildet. Glätten Sie den feuchten Belag zunächst wie beschrieben und lassen Sie ihn sechs Stunden trocknen. Tragen Sie dann mit einer harten Bürste eine dünne Belagschicht ab und besprühen Sie die Fläche leicht mit Wasser, bis der Zuschlagstoff freigelegt ist. (Achten Sie darauf, nicht zu viel Beton zu

Oben Der dem gefärbten Zementmix beigemengte Kies wurde anschließend freigelegt.

Oben links Eine Kombination aus Gießbeton mit freigelegtem Zuschlagstoff und Betonpflastersteinen.

Unten links Hier wurde dem Zementgemisch Quarzit-Zuschlag beigemengt, der für einen Glitzereffekt sorgt. Die Oberfläche wurde mit dem Besen strukturiert.

entfernen. Jeder Stein o. Ä. sollte zu zwei Dritteln im Beton eingebettet bleiben.) Lassen Sie den Beton weitere 36 bis 48 Stunden aushärten und befreien Sie die Strukturelemente dann mithilfe eines Hochdruckreinigers vom restlichen Beton.

Eine andere Methode, mit der ein ähnlicher Effekt erreicht werden kann, besteht darin, kleine Steine auf die Oberfläche zu streuen, bevor der Zement trocknet. In warmen Regionen, wo es im Winter keinen Frost gibt, können Sie eine genarbte Oberfläche auch dadurch erreichen, dass Sie gewöhnliches Steinsalz auf die Oberfläche des nassen Betons streuen. Verwenden Sie je nach gewünschtem Effekt 1,5 bis 2,5 kg Salz auf 20 Quadratmeter. Rollen Sie ein Kunststoffrohr über das Salz, um es in den Beton zu drücken. Lassen Sie den Beton sieben Tage ruhen und spülen und bürsten Sie die Oberfläche danach ab.

Pflege

Obwohl Betonböden sehr wenig Pflege und Aufmerksamkeit brauchen, können Sie einiges tun, um Ihren Belag in Form zu halten.

■ Verhindern Sie, dass Wasser (etwa aus dem Fallrohr) über Ihren neuen Belag abfließt.

■ Verwenden Sie im ersten Winter keinerlei Enteisungsmittel, danach nur normales Tausalz.

■ Wasser abweisende Imprägniermittel können helfen, Beschädigungen durch um den Gefrierpunkt schwankende Temperaturen und Salz vorzubeugen. Manche Mittel können den Belag aber etwas nachdunkeln lassen. Beachten Sie unbedingt die Anweisungen des Herstellers, wie lange Sie nach dem Gießen des Betons noch mit dem Imprägnieren warten müssen. Die meisten Imprägniermittel haben eine Schutzwirkung von etwa zwei Jahren.

Dekorative Zuschlagstoffe freilegen

Entfernen Sie eine dünne Betonschicht, sodass die Zuschlagstoffe bis zu etwa einem Drittel aus der Oberfläche hervortreten.

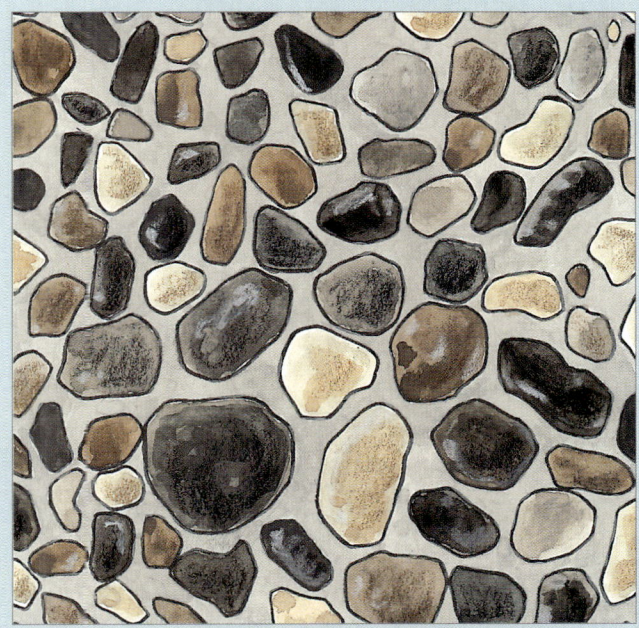

Entfernen Sie nach 36 bis 48 Stunden die Betonrückstände auf den Zuschlagstoffen mit einem Hochdruckreiniger.

Recycling – und sonstige Materialien

E inige Gärten – oder besser gesagt, einige Gärtner – sind einfach nicht für saubere Reihen neuer, fest verfugter Steine oder perfekt geformter Betonsteine gemacht. Wenn Ihnen die altbewährten Methoden und Materialien nicht spannend genug erscheinen, dann sollten Sie diese lediglich als Ausgangspunkt für ganz neue Überlegungen ansehen. Im Folgenden finden Sie ein paar Anregungen für originelle Bodenflächen, die in verschiedenen Stilarten daherkommen, in jedem Falle aber ein hohes Maß an Individualität ausstrahlen.

Vorhergehende Seite Diese recycelten Eisenbahnschienen und –schwellen wurden auf verdichtetem Kies und festgestampftem Boden verlegt. (Hinweis: Einer der Gründe dafür, dass Holzschwellen zum Recycling zur Verfügung stehen, besteht darin, dass sie als Schutz vor Verrottung mit Kreosot behandelt wurden. Diese klebrige, teerähnliche Substanz kann Kleidung verunreinigen. Die Schwellen sollten nur dort verwendet werden, wo sie keinen Kontakt zu Pflanzen haben, da das Kreosot Pflanzen schädigen kann.)

Rechts Gullydeckel und Maschinenteile in einem Mulchbett ergeben diese originelle Fläche außerhalb eines Künstler-Ateliers in einem umgebauten Lagerhaus.

Unten Der Blickfang in dieser kleinen Ziegelterrasse ist der Mühlstein, dessen Mühlen-Tage schon lange abgelaufen sind.

Abgelegtes aus der Industrie

Die Zeiten sind vorbei, als Recycling bedeutete, dass man zähneknirschend mit schon benutzten Abfällen vorlieb nehmen musste. Heute sind Recycling-Höfe und Flohmärkte beliebte Ziele für die zunehmende Zahl derer, die abgelegte Stücke haben wollen, deren Unvollkommenheiten und vielleicht sogar schadhafte Stellen beweisen, dass sie eine Geschichte haben.

Recyceltes Pflaster

Auch wenn es ironisch scheint, aber oft bekommen Sie tolles Pflastermaterial, wenn Sie das nehmen, was für jemand anderen nicht mehr gut genug war.

Oben Eine originelle Kombination: Für den Mittelteil der Terrasse aus Ziegel und Beton wurden Bruchstücke von Gehwegplatten verwendet.

Links und unten Als die Stadt Easley in South Carolina ihre Granitbordsteine herausriss, griff die Landschaftsgestaltungsfirma J. Dabney Peeples Design Associates Inc. zu und gestaltete den Zugang zu ihrem Firmengebäude mit dem Jahrzehnte alten Material neu.

Links **In der unmittelbaren Umgebung gesammelte Tannennadeln lassen diesen Sitzplatz besonders natürlich und gemütlich erscheinen.**

Naturmaterialien

Einige der besten Materialien, die Sie zum Bodenbelag umfunktionieren können, sind diejenigen, die sich ohnehin in Ihrem Garten befinden: Tannennadeln, Rindenmulch, Laub usw. Damit schaffen Sie warme, freundliche Flächen, die eine Einheit mit der Umgebung bilden. Solche Materialien sind außerdem äußerst preisgünstig und leicht zu verarbeiten.

Wenn Ihr Boden eine gute Dränage hat, reicht es wahrscheinlich aus, wenn Sie die entsprechende Fläche beräumen, eine einfache Einfassung setzen und das gewählte Material einige Zentimeter dick ausbringen (der Charakter der Bodenfläche wird in jedem Falle zwanglos bis rustikal sein, nur zur Erinnerung). Bei schlechter Dränage sollten Sie einer schlammigen Fläche vorbeugen, indem Sie eine ca. 15 cm tiefe Grube ausheben und ein Splittbett anlegen (Einzelheiten s. S. 42), bevor Sie das Oberflächenmaterial ausbringen. Natürliche Bodenbeläge müssen relativ häufig aufgefüllt werden (wenigstens einmal pro Jahr), da sie komprimiert werden und verrotten. Ab und zu muss auch Unkraut gejätet werden.

Recycelte Holzscheiben, die in Sand oder Mörtel verlegt werden, bilden einen charmant-rustikalen Bodenbelag. Schneiden Sie die Scheiben mit der Kreissäge ca. 20 bis 25 cm dick zu. Lassen Sie die Scheiben trocknen und tauchen Sie sie vor dem Verlegen in Penetrier-Holzschutzmittel. Es sei darauf verwiesen, dass dieser Bodenbelag nur in trockenen Regionen und auf Boden mit guter Dränage verlegt werden sollte. Auf nassem Boden werden selbst imprägnierte Holzscheiben bald von Moos bewachsen sein, was die Oberfläche extrem rutschig und gefährlich macht.

Ungewöhnliche Materialien

Genauso interessant wie die Verwendung von Recycling-Material ist die Wahl eines Materials, das man überhaupt nicht als Bodenbelag erwartet. Verwenden Sie ein Material, das die Leute typischerweise mit Pflanzen und ihrer Produktion verbinden, als Unterlage für Ihre Gartenmöbel und schon brauchen Sie nicht mehr zu befürchten, dass es auf Ihren Partys keinen Gesprächsaufhänger gibt.

Oben In diesen beiden Stadtgärten wurden Lattenroste für die Industrie „zweckentfremdet". Sie passen ausgezeichnet zum modernen, urbanen Standort. In einem Fall wurden die Holzroste auf Schotter verlegt und mit passend gestrichenem Holz eingefasst (die Pflanzgefäße sind übrigens Großküchen-Mixschüsseln). Im zweiten Fall wurden die Roste in ein Bett aus schwarzem Basaltgestein gelegt.

Rechts Das Einlassen von Gegenständen in einen Betonboden ist eine der wirkungsvollsten Methoden, der Fläche Originalität und Individualität zu verleihen. Hier setzte eine Familie von Pferdeliebhabern dieses Verfahren ein und verband auf diese Weise die Bodenflächen vor und hinter der Eingangstür (Details zum Verfahren finden Sie auf S. 132).

Individuelle Beläge

Die beste Methode, eine Bodenfläche mit ganz eigener Note zu schaffen, ist natürlich die Verwendung eines Materials, das niemand sonst hat.

Traditionelle Bodenflächen

An Orten mit vielen Bau- und Kunstwerken ist es natürlich besonders einfach, Recycling-Material zu finden. Für diesen Zugang zur Akropolis in Athen wurden Marmorplatten, die für den Bau selbst nicht mehr benötigt wurden, auf Kies verlegt.

Links Wenn es um individuelle Gestaltung von Bodenflächen geht, ist alles erlaubt. Die Schöpfer dieser kleinen, zwanglosen Sitzecke setzten Stücke der gerade entfernten Badezimmerfliesen zwischen die eher traditionellen Pflastersteine.

Danksagungen

Unser besonderer Dank gilt:

J. Dabney Peeples, Arthur Campbell, Graham A. Kimak und vielen der netten Kunden von J. Dabney Peeples Design Associates, Inc., Easley, South Carolina. Sie alle widmeten uns viel Zeit und führten uns durch ihre Gärten, wo wir Notizen und Fotos machten.

John Thelen von Landmark Landscapes, Swannanoa, North Carolina, der sich mit Fachwissen, Werkzeugen und körperlicher Arbeit für die Anleitungs-Fotografien des Buches zur Verfügung stellte. Ein Dank gilt auch seinen Kunden Stuart und Jean McLennan, ebenfalls aus Swannanoa, die uns gestatteten, ihren Garten aufzugraben.

Dr. Arnold R. Alanen und seinem Kollegen Doug Hadley, die Informationen und Fotos für die historischen Exkurse beisteuerten. Dr. Alanen unterrichtet seit mehr als 25 Jahren Geschichte der Landschaftsarchitektur und Landschaftserhaltung am Institut für Landschaftsgestaltung der University of Wisconsin-Madison. Für seine Forschungen wurde er mehrfach geehrt, zuletzt zweimal von der American Society of Landscape Architects für seine Untersuchungen der Kulturlandschaften in den Nationalparks von Alaska und Michigan. Er ist Ko-Autor des Buches *Preserving Cultural Landscapes in America* (John Hopkins University Press, 2000).

Den „Gartenfrauen": Dana Irwin (Design-Direktorin bei Lark Books) und Cindy Burda, Janice Eaton Kilby und Kathy Sheldon (Lektorinnen bei Lark Books). Obwohl sie mit eigenen Büchern beschäftigt waren, fanden sie irgendwie die Zeit, um einige der Fotomotive für dieses Buch ausfindig zu machen und vorzubereiten.

Veronika Alice Gunter, der Verlagsassistentin, deren außerordentliche organisatorische Fähigkeiten nur noch von ihrer Geduld und ihrem diplomatischen Geschick übertroffen werden. Ohne sie wäre dieses Buch nicht entstanden.

Und schließlich ein besonderer Dank an Mary Weber, die Fachberaterin für dieses Buch. Mit ihren Fachkenntnissen, ihrem Auge für Details, ihrer Begeisterung für das Thema und ihrer unerschütterlich guten Laune (oft angesichts unzähliger Termine) war sie mir bei diesem Projekt eine wunderbare Partnerin.

Bildnachweis

Mein Dank gilt den Landschaftsarchitekten, die Fotos für dieses Buch beisteuerten:

Dr. Arnold Alanen und Doug Hadley, University of Wisconsin: S. 55, 85, 95 (unten), 107, 131

Arbor Engineering, Greenville, SC; Tom Keith, Architekt: S. 11 (Mitte), 100 (oben)

Bomanite, Madera, CA; Dino Tom, Fotograf: S. 17, 120–121, 123, 124, 125, 126, 130

Brick Industry Association, Reston, VA: S. 13 (oben), 19 (Rand unten), 56

Broussard Associates Landscape Architects, Clovis, CA; Terry Broussard, ASLA, Architekt; Larry Falke, Fotograf: S. 86–87, 122 (unten)

J. Dabney Peeples Design Associates, Inc., Easley, SC; Graham A. Kimak, Fotograf: S. 22 (oben), 23 (Mitte), 23 (Rand Mitte), 105 (oben), 139 (unten links und rechts)

Daniel's Landscaping, Campbellsport, WI; Daniel Stukenberg, Architekt/Fotograf: S. 70–71

Hanover Architectural Products, Hanover, PA: S. 114, 117, 118

Kellogg Landscape Architecture Construction Inc., Bastrop, TX; Sandra Chipley Kellogg, Architektin/Fotografin: S. 90 (unten)

Graham A. Kimak, Greenville, SC; Landschaftsgestalter/Fotograf: S. 140 (oben)

Landplan Studio, Fair Lawn, NJ; Dennis Muhr, Architekt/Fotograf: S. 105 (unten)

Missouri Botanical Gardens, St. Louis, MO; Jack Jennings, Fotograf: S. 20–21 (unten), 77 (oben links)

Signe Nielsen Landscape Architect, P.C., New York, NY; Signe Nielsen, Architektin/Fotografin: S. 22 (Rand Mitte), 67, 71, 76, 77 (untere Reihe), 89, 100 (unten), 104, 110 (oben), 111 (oben und unten), 119 (obere Reihe), 129, 133, 134 (oben rechts und unten), 136–137, 141 (oben links), 142 (unten rechts)

Dana Schock and Associates, Sudbury, MA; Dana Schock, ASLA, Architektin/Fotografin: Vordereinband, S. 11 (oben), 19 (unten links), 54

SJYDesign, Oakland, CA; Steven J. Young, Architekt; Michelle Burke, Fotografin: S. 12, 72

Ken Smith, New York, NY, Architekt: S. 141 (rechts oben und unten)

Mary Smith Associates, P.C., Quincy, MA; Mary Smith, Architektin/Fotografin: S. 83 (oben)

Tile Heritage Foundation, Healdsburg, CA; Joseph Taylor, Fotograf: S. 66

Nachweis weiterer Fotografien:

Chandoha Photography, Annandale, NJ: S. 79, 84 (unten)

Derek Fell's Horticultural Picture Library, Gardenville, PA: S. 77 (oben rechts), 92 (oben), 134 (oben links), 138 (unten), 140 (unten)

Thom Gaines, Asheville, NC: S. 18, 22 (Rand unten), 25 (Rand unten), 110 (Mitte und unten), 11 (Mitte)

Dana Irwin, Asheville, NC: S. 142 (oben)

Dency Kane, New York, NY: S. 62, 78, 101, 103

Janice Eaton Kilby, Asheville, NC: S. 142 (unten links)

Susan L'Hommedieu, Hudson, OH: S. 139 (oben)

Charles Mann Photography, Santa Fe, NM: S. 11 (unten), 53, 68, 69, 80–81, 82, 91, 113 (oben), 122 (oben)

Jerry Pavia Photography, Bonners Ferry, ID: S. 2–3, 5, 8, 9, 14 (oben), 15, 20 (oben), 22, 24, 25 (oben), 26 (oben), 51, 60, 64–65, 73, 94, 95 (oben), 98–99, 108–109

James Haig Streeter, San Francisco, CA: S. 63, 80

Fortsetzung auf S. 144

Fortsetzung von S. 143

Wir danken auch folgenden Handwerkern und Künstlern, deren Arbeiten im Buch zu sehen sind:

Circle of Stone, Haywood County, NC; David Reed, Steinmetz: S. 96

Gardensphere, Sugar Grove, NC; Robbie Oates, Steinmetz: S. 34 (unten), 92 (unten)

Michael Huba, Albany, NY; Künstler/Fotograf: S. 112

Landscape Gardeners, Biltmore Forest, NC; Art Garst, Landschaftsgestalter: S. 16

Zum Schluss danken wir allen, die es uns gestatteten, ihre Gärten zu fotografieren:

Roger Bakeman, Atlanta, GA: S. 113 (unten)

Trena und Ed Parker, Biltmore Forest, NC: S. 61

„Carlsbad" Home von Hazel und Paul Sanger, Highlands, NC: S. 6

Asheville, NC:

John Cram: S. 59

Elizabeth Eve: S. 57

Hedy Fischer und Randy Shull: S. 97

Dr. Peter und Jasmin Gentling: S. 34 (oben)

Andrew Glasgow: S. 116, 116–117

Mary Johnson: S. 14 (unten), 82–83

William und Barbara Lewin: S. 18

Christopher Mello: S. 138 (oben)

Heather Spencer und Charles Murray: S. 12–13 (unten)

Greenville und Easley, SC:

Jacke und Joyce Clarkson, Easley, SC: S. 102, 106

Michael und Kathy Evans, Greenville, SC: S. 23 (oben), 119 (unten)

Janice und Bill Hagler, Greenville, SC: S. 90 (oben)

Porter and Ann Roe Rose, Greenville, SC: S. 74–75, 88

Stichwortverzeichnis